中国少数民族人口丛书

阿昌族

翟振武 主编

孙宝廷/著

中国人口出版社
China Population Publishing House
全国百佳出版单位

图书在版编目（CIP）数据

阿昌族/孙宝廷著．—北京：中国人口出版社，2014.10（2022.7重印）
（中国少数民族人口丛书）
ISBN 978-7-5101-2901-8

Ⅰ.①阿… Ⅱ.①孙… Ⅲ.①阿昌族－民族文化－中国 Ⅳ.①K286.2

中国版本图书馆 CIP 数据核字（2014）第 243209 号

中国少数民族人口丛书　阿昌族
ZHONGGUO SHAOSHU MINZU RENKOU CONGSHU　ACHANGZU
翟振武　主编　孙宝廷　著

责任编辑　魏小玲
美术编辑　刘海刚
责任印制　林　鑫　王艳如
出版发行　中国人口出版社
印　　刷　北京兴星伟业印刷有限公司
开　　本　710 毫米 ×1000 毫米　1/16
印　　张　9.25　插 1
字　　数　126 千字
版　　次　2014 年 10 月第 1 版
印　　次　2022 年 7 月第 2 次印刷
书　　号　ISBN 978-7-5101-2901-8
定　　价　38.00 元

网　　址　www.rkcbs.com.cn
电子信箱　rkcbs@126.com
总编室电话　(010) 83519392
发行部电话　(010) 83510481
传　　真　(010) 83538190
地　　址　北京市西城区广安门南街 80 号中加大厦
邮　　编　100054

中国少数民族人口丛书编委会

序

如果把一个民族比作一颗星星，那我们就是生活在一个繁星满天的世界。当今世界上有约3000个民族，分布在200多个国家和地区，绝大多数国家由多个民族组成。中国也是同样，是由各族人民共同缔造的统一的多民族国家。在漫漫的历史长河中，生活在中华大地上的各族人民密切往来、交流融合、团结奋斗、休戚与共，形成了一个伟大的强盛的中华民族大家庭，共同开发了祖国的美好河山，共同推动了国家的发展和社会的进步。

在中华民族的大家庭中，有56个成员，其中有55个是少数民族。新中国成立以来，少数民族人口一直持续增长。1953年第一次全国人口普查时，少数民族人口总数为3532万人，占全国总人口的6.1%。2010年进行第六次全国人口普查时，少数民族人口总量达到了1.14亿，几乎是1953年的3倍，占到了全国13.4亿人口的8.5%。各少数民族人口数量相差较大，如壮族有1693万人，回族1059万人，满族1039万人，维吾尔族1007万人，而赫哲族只有5354人，塔塔尔族3556人，独龙族6930人。中国各民族的人口分布呈现大散居、小聚居、交错杂居的特点。汉族地区有少数民族聚居，少数民族地区也有汉族居住；许多少数民族既有一块或几块聚居区，又散居全国各地。中国少数民族聚居区大都地广人稀，资源富集。少数民族地区的草原面积，森林和水力资源蕴藏量，以及天然气等基础储量，均超过或接近全国的一半。全国 2.2 万多公里陆地边界线中的 1.9 万公里在民族地区。全国的国家级自然保护区面积中民族地区占到 85％以上，是国家的重要生态屏障。中国各民族的起源和经济、社会、文化的发展有着本土性、多元性、多样性的特点，五彩缤纷，丰富多彩。

要全面认识中华民族，就要从认识每一个民族开始。正是从这个理念出发，我们编写了这套《中国少数民族人口》大型系列丛书，力图从历史、文化、经济、社会等各个方面，用准确、科学、生动的语言，全方位描述和展现各少数民族灿烂辉煌的历史和现状，编织出一幅绚丽多彩的中华民族大家庭的“全家福”。

编写这样一套大型系列丛书，难度非同一般。几经论证和深入研讨，最终形成了编写大纲，这套丛书各个分卷的作者绝大多数由少数民族作家担任，他们不仅熟悉自己民族的历史和文化，而且对本民族有深厚的感情。在国家新闻出版总署、国家人口计生委和中国人口出版社的大力支持下，作者们历经数年，几易其稿，终成此书。值此丛书出版之际，我们衷心地祈愿这幅“全家福”能为民族的交流和团结，为中国的文化建设，为整个中华民族的繁荣昌盛，作出一份微薄的贡献。

翟振武

2012 年 5 月于北京

PREFACE

Every nationality sparkles like a star in the firmament. Now we have about 3000 stars distributed across the world in more than 200 countries, most of which are multinational. So is China, which consists of a number of nationalities. For centuries, all the nationalities have lived together, worked together and fought together, making China a prosperous unified multinational country.

Of all the 56 nationalities in China, 55 are minorities whose population has been increasing since the founding of The People's Republic of China. According to the first census in 1953, the minority population was about 35. 32 million, accounting for 6. 1 percent of China's total population. By 2010, the number had almost tripled. According to the sixth census, the population of the minorities amounted to 114 million, making up 8. 5 percent of the 1. 34 billion people in China. The population size of minority groups varies a lot. Some of them have a large population, for example, the Zhuang Nationality has a population of 16. 93 million; the Hui has 10. 59 million people and the Manchu consists of 10. 39 million people. Some of the minorities are quite small, such as the Hezhe, the Tatar and the Drung nationalities, which have populations of 5354, 3556 and 6930, respectively. China's nationalities live together over vast areas with some living in individual, concentrated communities in small areas.

Some minorities'concentrated communities are scattered among the Hans, and some Han people also live in the minority communities. Some minorities may have one or more concentrated communities, while their people spread all over the country. Most minorities'concentrated communities have their people sparsely distributed in large areas with abundant resources. The grassland, forest, water and natural gas reserves in areas inhabited by minority people account for about half of China's total. Further, 19 000 kilometers of the nation's 22 000-kilometer land boundary are in minorities'communities. In addition, 85 percent of the country's state-level natural reserves are in the minority areas, making the people important guardians of China's ecology. Each of the nationalities'origin is unique, and their development of economy, society and culture is full of variety.

Only by learning every aspect of the minorities'lifestyle can we have a comprehensive understanding of the Chinese nation. Under this notion, we write this series of books on the Population of China's Minorities to provide a detailed picture of our Chinese nation, with the glorious past and prosperous present of the country's minorities.

It is through trials and tribulations that we write this spectacular series of books. Most of the authors, who have profound knowledge of the minorities and wrote the books with their strong emotions, are members of minority groups. With the great support of the National Publication Foundation, the National Population and Family Planning Commission and China Population Publishing House, the authors completed the books after years of unremitting endeavor.

On the publication of this series of books, we are looking forward to seeing these books contribute to the unity of the Chinese nation and help our country flourish in the future.

Zhenwu Zhai
Beijing
May 2012

目录

Contents

综　述

日月铸魂

阿昌族是中国云南境内最早的世居民族之一。古代汉文史籍中的“峨昌”、“娥昌”、“莪昌”或“阿昌”、“萼昌”等，都是不同时期对阿昌族的称谓。新中国成立后，根据本民族的意愿，统称为阿昌族。他们聚居在高黎贡山余脉的丘陵山地、峡谷平坝。主要居住在云南省德宏傣族景颇族自治州的陇川县和梁河县，在芒市、盈江、腾冲、龙陵、云龙等县市也有少量分布。贵州省贵阳市也有部分阿昌族人居住。据统计，目前阿昌族实有人口37050万人，属于我国人口较少民族之一。在缅甸，阿昌族被称为“迈达族”，主要分布在克钦邦的密支那和掸邦的南欧、景栋等地，是一个跨境而居的民族。

在德宏州内，阿昌族有昌撒和傣撒之别，属汉藏语系藏缅语族缅语支，有陇川、梁河和芒市3种方言，没有文字，由于长期和汉族、傣族杂居，大多数阿昌族人兼通汉语和傣语，习用汉文和傣文。有丰富的口头文学，历史上与景颇族、汉族、傣族、白族等关系密切。阿昌族虽没有文字，但有动听的神话、传说、故事、寓言，抒情的民歌、贴近生活的舞蹈。《遮帕麻与遮米麻》是阿昌族人民最具代表性的口头文学巨著。阿昌族不乏能工巧匠，他们善于绘画、雕刻、刺绣、染织、打刀、银器制作等，户撒刀具锻造技艺已列为世界非物质文化遗产。

阿昌族信奉佛教，主要节日有阿露窝罗节、火把节、泼水节。阿昌族的乐器有洞箫、葫芦萧、三月萧、竹笛、二胡、三弦、象脚鼓、芒罗等。阿昌族主要从事农业。自古即以擅种水稻而闻名。手工业也很发达，尤以善于打制长刀而闻名于世。

全国有三个阿昌族乡，即梁河县曩宋阿昌族乡、九保阿昌族乡和陇川县户撒阿昌族乡。其中，梁河县曩宋阿昌族乡是全国阿昌族聚居的主要地区，位于梁河县东北部，距县人民政府驻地遮岛 10.7 千米。地处南甸坝子上部，大盈江两岸，东经 98°18′45″～98°26′15″，北纬 24°50′48″～24°55′00″之间，海拔 1080 米，东接平山乡，南连小厂、九保阿昌族乡，西靠河西乡，北邻腾冲县荷花乡，是保（山）—瑞（丽）公路线上的一个重要枢纽，有梁河县“北大门”之称，交通便利。全乡土地面积 111.22 平方千米。最高薄刀岭，海拔 2490 米，最低小芒丙村，海拔 1070 米，垂直高差 1430 米，属南亚热带气候，年均温度 17.3～18.3℃，积温 6200～6584℃，日照 2301～2412 小时，降雨量 1349 毫米，雨量充沛，冬季早晨有雾，有利于农作物生长，主导风向为西南风向。山区、半山区以区壤为主，坝区以沙壤、水稻土为主。长坡、弄别、弄丘、弄光产煤，燕子场产褐色大理石。主要河流有曩宋河、喇叭河、南箐河。沟渠有东大沟、曩西沟、马茂沟。全乡以农业为主，主要农作物产有水稻、小麦、豆类、薯类、花生、生姜；经济作物有甘蔗、茶叶、油菜、花生、毛叶枣、姬松茸等，物产芒东酱油、“小花鱼”。立足本乡区域优势，以市场为守向，积极发展有市场价的“名、特、优、稀”经济林树种，实施品牌战略，发展特色农业，主要是把滇皂荚和白花油茶培育成全乡的一个新的支柱产业。梁河县九保阿昌族乡自古以来就是交通要道，是古代腾越州的第“九堡”，是滇西丝绸之路通道重镇。九保阿昌族乡土地面积 156 平方千米，其中常用耕地主要种植甘蔗、水稻、茶叶、油菜作物主要种植柑橘、柚子、

草果经济林果；水田、草地、荒山、荒地等适宜种植甘蔗、水稻、莲藕、油菜等作物。户撒阿昌族乡位于陇川县西北部，南北与盈江县接壤，西南与缅甸交界，国境线长4.35千米，距县城章凤53千米，全乡的总体面貌是两山一坝的狭长小盆地，坝区海拔1380～1480米。户撒烟享有盛名，手工业也较发达，有打铁、铸犁、木匠、石匠、银匠等，其中打铁最为著名，制造刀剑的技术较高，“户撒刀”远销国内外。

阿昌族是能歌善舞的民族。舞蹈和山歌是阿昌族生活的重要组成部分，是阿昌族内心世界的表露和精神的再现，具有独特的文化魅力。有歌声的地方就是阿昌人居住的地方。阿昌族一般以族居为主，同姓一律不得结婚。阿昌族青年男女恋爱自由，结婚则由父母决定，如女方父母不同意，则进行“抢婚”。实行一夫一妻制。住房多为土木结构，以穿斗瓦顶楼房居多，一户一院。在服饰方面，有梁河阿昌妇女的高包头，陇川户撒地区的黑包头和芒市高埂田一带妇女的团包头等三种地方装束。傣撒多信仰巴利系佛教，昌撒过去多信鬼神，也供奉祖先。主食大米，好饮酒，嗜酸辣，常以风味小吃“过手米线”待客。

阿昌族的传统节日是“阿露窝罗”节。这是阿昌族先民在长期征战、狩猎、农耕和手工劳作活动中形成的。1993年5月20日，德宏傣族景颇族自治州第九届人大常委会第三十次会议通过了《关于阿昌族节日名称和时间的决定》，正式将阿昌族的“会街”节和“窝罗”节统一为“阿露窝罗”节，于每年的公历3月20日举行，节日时间为两天，节日标志为青龙、白象和弓箭，是阿昌族人民欢庆丰收、幸福吉祥和开拓创新的象征。窝罗牌坊下，高高的山冈上，村子里的龙宝树旁，阿昌族那爱笑乐观无法挥去的影子永远定格于人们的视线里。他们爱刀、爱火、爱月亮、爱太阳，更爱滇西故土，他们是太阳的子孙，他们更是滇西幸福的守望者。他们让阳光穿透四肢，他们让希望的光辉洒向自己，他们让心中有梦，亘古在德宏生根开花结果。他们以酒传情，以月亮为心，以太阳为神灵并顶礼膜拜，他们将心中的爱无限地融入脚下深深的泥土中。阿露窝罗舞，那是阿昌族从历史走向兴旺的轴心线，连着心灵和大地，代表了阿昌的生命和图腾；阿昌刀是阿昌族精神和刚强的象征，刀里刻着太阳和月亮，是阿昌族心中永远的梦。

第一章

远古余音

第一节　寻找先人远去的足迹

1. 初识阿昌

只要踏上这方水土，谁都可以从风中嗅到阿昌山寨淡淡的茶香，看到五彩缤纷的裙裾，触摸那浓绿得似乎如水般欲滴的青翠，听到那舒缓悠扬的山歌声。山歌透着神秘，穿过久远的传说，人们总会情不自禁地为此发出绵绵不绝的思古之悠情。因为，这里有太多太多让人心生遐想的触发点，它的情感因素早已水乳交融，没有任何理性的方式可以将它完全剥离。甚至，会让人全身心融入清澈的德宏山水中，把所有世间的烦恼全部轻轻地解脱，进入天人合一的境界。心灵上的涅槃，是人类与生俱来的不灭追求。

据史载，阿昌族起源于青藏高原北部，约在13世纪从澜沧江流域的云龙一带进入德宏，多定居于依山傍水的平坝或半山区，其先民属于氐羌，史籍中汉晋时称“嶲”，唐宋称“峨昌”、“莪昌”、“阿昌”等。户撒地区自称“蒙撒”、“傣撒”、“蒙撒掸”或“衬撒”、梁河地区则自称为“汉撒”和“哈藏”、“阿昌”。

在历史的长河中，阿昌族作为一个历史悠久的民族，经历了不断衍化、迁徙、离散和聚合的复杂过程。对阿昌族的来源，虽有各种传说，但渊源同属我国古代的氐羌族群确是不争的事实。《尚书·牧誓》就有“庸、蜀、羌、髳、微、卢、彭、濮人”的记载，蔡沈《注》说：“庸、濮在江汉之南，羌在西蜀。”即今四川、青海西部。《后汉书·西羌传》说秦献公初即位时想恢复秦穆公的业绩，带兵攻狄，羌人首领由于害怕被其攻灭而带领大部族成员迁离青海河曲（今青海省贵德西河曲地带），到了“河首”（今青海积石山一带），其后裔的一部分进入四川西部的越嶲（今西昌）一带，成为“越氏羌”，他们中的一部分继续南迁进入云南西部。迁徙的结果是许多部落和支系组成了阿昌族群体。羌人南迁的历史比这更悠久，而且是多次的，这或许是规模较大并载入史册的一次。

这些部落集团后来被划分为氐羌和濮两大谱系，阿昌族的先民属于氐羌部落。东汉以后，大量的羌人南迁进入西南地区。南迁的羌人随着历史的发展不断分化组合，秦、汉以后，终于组成彝语支的彝族、白族、纳西族、哈尼族、傈僳族、拉祜族、阿昌族七个少数民族。

据地方志书的记载，峨昌人早在两千多年前的汉代，就已出现在高黎贡山的龙川江和小江一带，并广泛分布于澜沧江河谷的广阔地带。至唐代，则已遍及腾冲北部，盈江西部及铁壁关、虎踞关一带地区。元、明以来则大量进入德宏、镇康及缅北的掸邦等广阔地区。阿昌族由于没有本民族的文字，对其历史，族人也仅凭口头传说来寻觅阿公阿祖的踪迹。至于汉文记载，唐代以前处于“载籍无稽，事迹无考”的模糊状态。明朝征服云南后，把“在官之典册，在野之简编，全付之一炬”，致使许多真实的历史，被掩埋进历史的尘埃之中。虽遗留下东鳞西爪的记录，又因景颇族（指载瓦、浪速、茶山支系）和阿昌族有近亲渊源关系，清代以前的记录不易分辨，从而使古代阿昌族的面

貌变得扑朔迷离起来。南甸宣抚司曾保存汗牛充栋的不少老傣文典籍经书，可惜其大部分已在“文革”中失散。《南甸司刀龚氏世系宗谱》中仅见“早已定号为土著”八个字。傣语有“昌过法，腊过岭”，其意也仅说阿昌族是定居德宏较早的民族。据《后汉书·西羌传》载：“西羌之本出自三苗，羌姓之别也，其国近南岳。及舜流四凶，徙之三危，河关之西南，羌地是也。滨于赐支，至于河首，绵地千里。赐支者，《禹贡》所谓析支者也。南接蜀、汉徼外蛮夷；西北鄯善、车师诸国。”按照这条史料，当时的氐羌族群早已广泛活动于陕西、甘肃、青海、西藏东部和四川西部的广阔地带；西北已接近新疆，东南已达雅砻江下游的西昌一带。史载，夏禹本是羌人，商朝建立后，曾多次对羌人进行征伐。到了春秋战国时代，氐羌族群中又出现了新的动荡。在公元前7世纪，秦穆公曾发动了一次规模很大的兼并战争。《后汉书·西羌传》又载：“秦献初立（公元前383年），欲复穆公之迹（穆公霸有西戎，公今欲复之），兵临渭首，灭狄豲戎。忍父季昂畏秦之威，将其种人附落而南，出赐支河曲西数十里，与众羌绝远，不复交通。其后子孙分别各自为种，任随所之。或为牦牛种，越嶲羌是也；或为白马种，广汉羌是也；或为参狼种，武都羌是也。”这就是秦献公在公元前4世纪，又再次发动大规模兼并战争。史载这次战争，引发了氐羌族群的大规模迁徙。羌人首领“忍父季昂”害怕被秦国攻灭，就带领他的部落迁离“赐支”，到了“河首”，其后裔的一部分进入四川西部的越嶲一带，称为“越嶲羌”。他们中的一部分经盐源继续南迁进入云南丽江、永胜境内的金沙江流域暂居。后发生秦令太守张若“取笮（西昌）及其江南地”，将金沙江对岸的大姚、姚安一带获取，导致南迁的越嶲羌族群继续迁徙进入云南的宁蒗、永胜、华坪一带。到唐朝，滞留在这一带的氐羌人还以“寻传”人名称载于史籍。这是阿昌族先民以独立的名称第一次出现于古代汉文典籍。《蛮书》卷四、卷三说：“寻传蛮，阁罗凤所讨定也”；阁罗凤“西开寻传，南通骠国”。又《南诏德化碑》：“西开寻传，禄郸出丽水之金。”丽水，即今伊洛瓦底江；禄郸，丽水支流，今泸水县境内之小江，经片马、沽浪、岗房边境西北向注入梅恩开江。由此可知，寻传，系指地域，因寻传蛮居住于此而得名。唐代寻传蛮分布地域，自澜沧江以西，至迄缅甸克钦邦境内梅恩开江及迈立开江一带。一部分氐羌苗裔迁入云龙后，随着历史的渐进，衍化为今天的阿昌族。

2. 迁徙沧桑

寻找先人远去的足迹，总让人有些振奋并产生无穷的惊喜和敬畏。一个边地民族的兴衰，原来是与迁徙的路线紧密相关的。

对于阿昌族，早在《后汉书·西南夷哀牢国列传》就有记录。阿昌人，早在古代就开始离开我国西北的甘青高原，分两路逐步向西南迁移；西路直接向西南，经现在的昌都一带至高黎贡山西侧；东路侧沿雅砻江河谷南下，至今四川的盐边、盐源及云南省的华坪、永胜一带后，又向西进入澜沧江河谷的兰坪、云龙一带，再跨越怒江而至高黎贡山西侧与西路会合，并继续向西前进。在元代，阿昌族不仅有了统一的“阿昌”族称，并且当时居住的地理位置分布与现在阿昌族聚居的位置分布基本一致。

阿昌族系云南西部的古老民族。阿昌族是许多部落和若干支系组成的远古部落。景颇族中的“载瓦”、“浪峨”、“勒期”几个支系，直到明代中期他们还是阿昌民族中的一部分。阿昌人中有“浪峨”支系，他们是南诏国王室家族的成员，是南诏国的创始者。读阿昌的历史，就像在火塘下谈天、品酒，在仙境中听行吟艺人弹奏的一首诗词歌赋，在一棵古老的大青树下纳凉。

阿昌族在迁徙中充满沧桑，书写尽古老的灿烂和文明。

迁徙让阿昌族在磨砺中变化成长。

随着历史的变迁，西南地区的民族部落又不断进一步分化。到唐代初期，出现了许多不同名称的部落，其中较大的有僰、叟、摩沙、爨等。到了唐代，叟、爨等部落进一步衍化，分化为许多部落，阿昌族先民就是其中的一个，大体上流居于今澜沧江上游以西至缅甸克钦邦境内伊洛瓦底江上游以东的辽阔地带。自东汉末年以降，至唐宋，云龙及其附近地区即作为阿昌族先民社会文化之中心。周去非《岭外代答》载："南方诸蛮马皆出大理国，闻南诏越赕之西产善马，日驰数百里，世称越赕骢者，蛮人做马之类也。"这里所说的"越赕骢"，也就是我们常称的"骡子"，其饲养者，均系阿昌族先民。

在漫长的历史岁月里，一部分阿昌族人由云龙迁入并定居于陇川江流域，经过与傣族文化的交融，成为农耕民族，并最先掌握了冶铁技术，为打制锻造铁器和刀剑打下了基础。其史上著名的南诏剑就是阿昌先民一手锻造的。据清王凤文《云龙记往》载，云龙"俄昌"人，自其首领早慨始传至元末，已有35代。早慨制定"铁印券"，规定酋长以长子继承，开始了世袭制。早慨以后十余世，"俄昌"人日益强盛，与金齿、僰国皆通商。约10世纪，受大理王段氏封诰。当时外来商人教会阿昌人种田，农业逐步发展。元、明设云龙州，大量白族、汉族人民相继迁入，这里的"俄昌"人，部分西迁至腾冲一带，部分融合于白族、汉族中。明洪武十六年（1383年）左纳率部归顺明朝。明朝廷在云南实行"慕盐商各边中开"的措施，刺激了洱海周围的大批白族大姓、富商慕名涌入云龙开发盐井。洪武年间，阿昌族总酋长的女婿段保篡夺了阿昌政权成为首领。明洪武十年（1377年），因段保击战有功，明太祖敕赐白族人段保为云龙州掌印土知州，阿昌族降为被统治民族，并向西南迁至德宏境内，渐失本土。

3. 尘封的岁月

尘封的历史里，阿昌族历经了不断演化、发展过程。

姓氏是解读阿昌族历史的秘密砝码和金钥匙之一，并根植于灵魂深处，通过姓氏的盘点梳理，人们对阿昌族的历史及来龙去脉会更加清晰明了。

在人类历史的长河中，阿昌族在滇西找到了自己理想的故园，阿昌族终于在这里找到了自己的安身之所，秘境梦圆，梦想成真，实现了一代又一代阿昌人追寻的梦想，前进的脚步在此停留，和各族人民一道成为德宏故土的创造者和守卫者，以自己的智慧和勤劳，开发和捍卫了祖国西南边疆。阿昌族在德宏的历史当在 3 世纪前或更早的时间，至少已有 2000 多年。

汉文献关于阿昌族先民在德宏的活动踪迹颇多，并记载有阿昌族是古代“寻传蛮”的后裔的历史。762 年，唐南诏王阁罗凤亲率大军“西开寻传”，“刊木通道，造舟为梁”，直达伊洛瓦底江流域，唐南诏管理寻传地区的摩零都督城，就在与今德宏州户撒、腊撒相距不远的八莫后山一代。从历史记载看，元朝以后，阿昌族的中心已经逐渐转移到今德宏州和邻近的腾冲县。如《元史·地理志》记载，金齿地区有“峨昌”居住。金齿“在大理西南，澜沧江界其东，与缅甸地接其西”，具体包含今保山、德宏的大片范围，说明一部分峨昌人已向大理西南迁徙，经保山进入德宏，以后部分阿昌族又向南迁徙，最后来到德宏地区定居下来。据考证，阿昌族从云龙等地西迁德宏及滇西，最早可追溯至宋代，但这种迁徙有先有后，不是一次性完成的。而最后的定居点主要是梁河和户撒地区。后来，随着麓川王国的崛起，这些地方傣族占了统治地位，而阿昌族的活动范围被局限在梁河坝区边缘的二台山地带和气候寒凉的户、腊撒地区。

10 世纪前后，西南边疆出现了两个强大的傣族部落，直接影响了阿昌族的发展。一个是南诏时期，永昌、银生、丽水等地的南面出现了一个强大的国家，它就是由吉蔑人，即高棉人建立的真腊国。为了

反对强大的真腊，暹罗北部的傣族部落，缅甸南掸邦的掸族部落，以及西双版纳境内的“勐泐国”等先后联合组成部落联盟，即传说中的“庸那迦国”。另一个是由永昌、丽水、金齿、茫蛮诸部的“孟生威”、“勐卯国”四个傣族部落联合组成的“犒赏弥国”，即勐卯果占璧王国。这两个强大的部落联盟使定居于德宏境内的阿昌族部落的发展受到威胁与限制，阿昌族最后一个部落酋长名叫旧印邦，因管理能力弱，部落势力渐衰，逐渐被兴起的麓川思氏政权侵吞。

4. 哀牢遗梦

岁月无声，这是永远的哀牢遗梦。

傣族先民部落联盟的崛起，致使中央王朝把德宏阿昌族先民的活动踪迹纳入“滇越”或“哀牢”族群活动范围。当时汉武帝的对外交通道自西北阻于匈奴之后，采纳了张骞的建议，并积极进行西南通往印度的地理探险。主攻方向是征服西南夷，根本目的是打通从滇国—昆明—哀牢—身毒国（今印度）的道路，但始终没有打通。至今，全世界都知道敦煌文化，而外界仍然对西南知之甚少，便是“南中昆明阻之”后历史酿下和留下的遗憾。历史疑云在现代人的破译中早已渐渐揭开。在此之前，哀牢人一直是“生民以来、未通中国”。部落联盟隔阻，致使中央王朝使节无法进入德宏阿昌族先民活动地区，也阻隔了阿昌族文化与中原文化的交流与融合，致使唐代以前中央王朝对德宏阿昌族先民的活动踪迹一无所知或知之甚少。

尘封的日子里，阿昌族的历史在无法追溯的苍烟落照里，深深淹没在历史的波涛汹涌中。

远古的余音缭绕不绝。阿昌人追寻梦想的脚步始终没有停留。阿昌人喜欢寻找、上路，总是带着刀子，行走在通向春天的路上。

第二节　三江并流母亲河

在云南滇西北横断山脉间，流淌着的怒江、澜沧江、金沙江著名的三条大江。在三条湍急奔流的大江中间，山川会聚，高耸的高黎贡山、怒山与碧罗雪山、云岭及香格里拉大雪山、沙鲁里山与三江平行纵列而立，三条大江夹于巍巍大山间，呈现山夹江、江隔山的山水并列雄强气势，所见之处江谷深切、谷岭相间、闻名一世的高山峡谷地貌紧密排列，形成“三江并流”的雄伟奇观。云南奇景多出在举世闻名的金沙江、澜沧江、怒江、大盈江、瑞丽江流域的山山水水之间。

这里，两山之间必有川，两川之间必有山。怒江和澜沧江最短直线距离只有18.6千米，三条大江最短直线距离也仅有66.3千米，而它们的入海口最远却相3000千米之遥，称绝天下。三条大江江面自西向东，一江比一江高，一高就是几百米，印度洋暖湿气流从西向东而来，被横断山步步截留，于是怒江湿、澜沧江干、金沙江旱，又形成了“绿色怒江”、“铁色沧江”、“红色金江”的奇景。地壳的激烈碰撞还在这里造就了高山雪峰、深峡险滩、林海草甸、冰蚀湖泊、珍稀生物，无不雄奇险秀幽奥深旷让人称绝。从南往北看，横断山脉是攀登青藏高原的“天梯”，怒江、澜沧江和金沙江又是走下青藏高原的“天河”。一道“天梯”三条“天河”，又形成了一个民族人口迁徙和民族文化流动的大走廊。古往今来，多少民族在这条大走廊上下奔走求穿三江流域，奔波着多少勤劳勇敢的民族兄弟，演出了多少波澜壮阔的历史话剧，留下了多少惊天动地的千古遗迹，保存了多少奇异神秘的文化风景。

这是生命之源。三江并流区域是一块圣土。三江并流是一个十分广阔而绝妙的地域，是一处以大江命名的一个峡谷世界。它多情而美

丽，磅礴而大气。在这个充满神奇的大峡谷里，不同的人均可找到属于自己生活的场景及生活方式。毕竟这里不是生命的绝境。三江并流，暗示着云南山川的无限骄傲与美丽神奇。三江源头区支流并列，线性细散，南北宽达500千米，径流1000千米后达云南省界；在滇西北怒江、澜沧江、金沙江间宽不及百里；再向滇西南河流间距加大，呈带状向东南依次撒开。三江与川条状山岭会聚滇西北，平列紧束，线性影像与带状影像反差大而密集并列，呈现稀奇景观。三江在云南奔流850千米后入东南亚，渐次阔流入海。在横断山内，三江像三条巨龙蜿蜒，平等奔流数百公里，河谷深切，山峰高耸。

三江并流，流淌出的是坚毅和情感，放射出的是希望的花朵。冈瓦纳大陆与欧亚大陆碰撞出的火花及爱情在这里留存，还是印度板块与欧亚板块接壤成的地缝合线——一道醉人的吻痕。堪称为世界能源研究新构造运动及其产物的地质遗迹博物馆，是奇特地质景观集萃地区。瞧，三江并流怎能不令人向往，寻梦而去！

在澜沧江、金沙江、怒江形成的三江并流腹地，阿昌族的足迹遍布这里的各个角落，三江成了阿昌人的母亲河。由这三条大江哺育的阿昌族先民，性格慓猂粗犷，意志坚韧，心胸宽广豁达，生活乐观向上，情似江水绵长。

这是云南美丽的秘境，生活在这里的阿昌先民就这样绚丽多彩、悄然无声地放射出它应有的光华。岁月悠悠，拨开岁月的草甸，人们探寻的目光充满曲折，阿昌族古朴的民风，以及悠久的民族文化成为人们追溯不尽的历史长河。今保山、德宏、临沧一带，属古哀牢地区，逶迤的青山怀抱着许多平整的坝子，江河与山岳纵横，万木丛生，近处苍翠繁茂，辽远苍劲的山河曾经孕育了一个雄风浩荡的民族。

阿昌族所处的具体地理位置为滇西高山峡谷区，大约东起大理白族自治州的云龙县，北抵怒江傈僳族自治州的兰坪、泸水，南至保山，西至腾冲及德宏傣族景颇族自治州的梁河、陇川和芒市一带，呈大分布、散小集中状态。在这广阔的区域中，群山连绵起伏，峡谷陡峭，山岩嶙峋，亘古的云贵高原无限延伸，高黎贡山和怒山山脉纵横南北；金沙江、澜沧江、怒江三江并流，顺山势蜿蜒南下，水流湍急。高黎贡山支脉自腾冲逶迤南下，延伸到德宏傣族景颇族自治州的芒市、梁河、盈江、陇川、瑞丽等县境内，其间大盈江、龙川江沿山脉向西南流入异国缅甸，出境后汇入伊洛瓦底江。阿昌居住的区域山脉和河流相间，地形复杂，山地高原和山间盆地交错，山地高原占90%以上，山间盆地占10%左右。其地形分类大致是：属高黎贡山支脉向南延伸形成的丘陵山地有陇川户撒坝子，梁河县的九保、曩宋、遮岛坝子、河西、罗布坝、湾中、勐养坝，腾冲县的小蒲窝以及龙陵县的芒达一带地方；属怒江向南延伸余脉之间的山间盆地有云龙县境内澜沧江两岸的漕涧坝子；属云岭向南延伸的丘陵地带有云龙、兰坪等县的山间平坝及其边缘山区地带，这是历史上阿昌族主要的邻居区域。由于适应山地与平坝相间的复杂地形，以及历史上民族的迁徙流动，阿昌族也有部分居住于坝子边缘的半山区。阿昌族所处的自然环境和社会环境自然条件优越，物产丰富，气候温和，冬无严寒，夏无酷暑，雨量充沛。独特的境况滋生出阿昌族奇异的民族文化，阿昌人勇敢大方豪爽奔放大山的品性深入骨髓。时间流转，生命如火。

于是，阿昌族的世界充满了万物有灵的世界，像三江那样充满神性。德宏作为怒江的下游，成了滇西的最边缘，大山大河在这里纵横交错，重山叠岩，冈峦郁盘，峭壁如削，气势夺人。从山谷至山巅，长松苍翠，逶迤万重，飞瀑轰鸣，溪流欢唱，风起云腾，松涛阵阵。可以想象，在经历过大地轰轰烈烈的骤变之后，那些曾经灿烂过、燃烧过的生命已在古老的时光中归于寂静；然而，年复一年的阳光和雨水渗入其间，使得这迤逦于荒野尽头的沟壑幻化为难以穷尽的奇山奇

谷，它在经历了地质史上重大的变故后而成为相对封闭的区域，同时，它是众多生物的避难所。在生物学家看来，这里是植被保持最为完好的绿色基因库。在这些茂密的原始森林里，多生长着红豆杉、树 、桫椤、云南松、台湾松、冷杉、香樟、水冬瓜、山茶、杜鹃花、兰花、洋伞花等名贵木材，单竹的品种就有石竹、刺竹、金竹、龙竹、凤尾竹、黑竹、埋桑竹等数 10 种。尤其可食用的果子，据初步统计就达万种。这些食物及果子，为阿昌族先民繁衍生息提供了极为有利的条件。森林中栖息着各种动物，有豺、豹、野鸡、岩羊、蟒、山狸、猿猴、马鹿、麂子、穿山甲、龟、野猫等。与此同时，森林里还有许多珍贵的药材，如天麻、黄草、黄连等，山与山之间还形成特殊的小盆地，当地人称之为坝子。除此之外，小河小溪纵横交错、数不胜数，而流淌于滇西的怒江、澜沧江、金沙江、大盈江、瑞丽江浩浩荡荡如同从天而降，它发源于云贵高原喜马拉雅山山脉，跨过碧罗雪山、高黎贡山等无数大山，蜿蜒向南，那炫目的水一泻千里，流淌穿梭于山体，其巨石嶙峋，狂放激烈多变的地貌造就了一个充满诗性的民族。

阿昌族大多居住在海拔 1000～1800 米之间半山腰的丘陵地带。择居一般均在江河谷地岸边、高山盆地或山谷的向阳坡处，阿昌的迁徙史中，有一座大山，它就是阿昌的神山莽古山。作为哺育阿昌子民的一座神山，世世代代阿昌族祭拜供奉于心坎之上。阿昌族村寨一般不大，以十至六十户居多。村寨一般相隔二至十里，每一个村寨经营一两片梯田。由于村寨相近，田土相连，远远望去，村寨星罗棋布，恰好位于高山森林与低山梯田之间，形成一道迷人的风景画。在这种高山森林、山中村寨、低山田坝三位一体、和谐平衡的生存空间中，阿昌人日出而作，日落而息，生活平静而悠闲。

阿昌族村寨翠竹青青，绿树成荫。站在村中，抬头看是茂密的高山森林，低头看是万道田畴。天高云淡，阳光和煦，好一派崇山峻岭中的田园风光。他们背靠大山，紧密、和谐、祥和。从云龙到怒江、大盈江的沿岸，属于典型的亚热带地区，由于这些地区适宜人们生存，阿昌人便择基而立，依山而建，选择较平缓易开垦的田畴山间，不断迁徙寻找家园。如今生活的场所，基本说明了居住的大体轮廓。在这些散落于山间的无数寨子中，古老的村落还遗存着当年的一些风貌。他们大多择水而居，有水源和最有利于狩猎、放牧之山野，半山半坝者居多，这些山寨也容易隐蔽，如户撒的明光寨、沐城，梁河的关璋、弄丘、湾中等，都是明朝军屯和民屯以至汉族移民入滇后逐步兴盛起来的。蒙炯瓦可谓是大山深处的一处安居之所和立身之地，旧时称黄墒甸，有新寨河和帕莱河交汇，四面都有大山环绕，腾冲火山余脉延伸至此，温泉遍野，地理位置独特，易守难攻，真可谓是滇西秘境里的“世外桃源”。南甸土司为了攻城略地，曾欲抢占此地，遭到阿昌人的顽强反抗。阴谋被识破后，土司采取挖断山筋、割断龙脉的办法让杞木寨的董大人一族长年驻扎于湾中后山青龙山脚下叫马场地的地方挖地道置放“铜钉铁箍”以此破坏湾中阿昌人民的神山灵脉。至今暗道依然在，岁月虽已流逝，善良的人们却永远铭记着这一段悲痛的历史。

三江并流母亲河，早铭刻在阿昌族不朽的历史里。

第三节　滇西古道暗花红

滇西是一条美丽的古道。西南古丝绸之路雄跨山河江谷，古道苍古辽远，暗花飞红。古道上的阿昌人家有着别样的风情。充沛的雨水，五彩的阳光，将阿昌人的生活装点得格外浓烈。

山水的魂魄，孕育了阿昌族的复杂多变的生活，语言吸收了各民族的语词，从而形成了今天本民族语言的复杂性多变性。在户撒、梁

河两地的阿昌族人民中，不少人能讲其他民族的语言或方言。

阿昌族在古道建立了不朽的卓越和功勋，并为历史留下了无数的谜团。如今，当你走进阿昌族居住的滇西广大地区，犹如撞进一个充满诗意的秘密之境。

这样的秘境不仅让人想往，更让人深深地思索。不仅思索它的未来，更思索它的过去。但是，它现在的美丽和辉煌，当你明白过来你却早被它拥有的迷人气息所倾倒。

永远年轻着的阿昌山寨飘动的炊烟说着话，有些悠闲沉静的样子，自然平添了山寨的几分宁静和祥和。它与世无争，俨守着一方净土，金色的太阳深情地照在山寨上，经过树儿青枝绿叶的多层过滤，太阳多了几分柔和。山寨洒上了金色的粉末后，感到无限温暖和沉醉。中午的山寨几乎是空的，人们忙着上山耙地，下田割谷，留下空空的山寨午休，耐不住清寂的公鸡时不时扯上几句嗓子，打破沉寂，催促农忙的主人早归。而黄昏里的山寨就有别样的韵味，像山里点着一个个迷人的灯笼，影影绰绰，让人觉得，山寨分明是星月里灿亮着地撕碎了的一个洞，它别致温馨。山寨好美，孤独时，人坐在深夜里，情不自禁的，望着天上的星星细数，用真情的眼光感受山寨的一切脉动。

这里，山寨黎明的降临悄无声息。就在黑夜深处，银白的月亮忠实地守护着滇西阿昌的村村寨寨。村寨里，月光变得深情而又柔曼。它像薄纱，更如一首唱给阿昌山寨的情诗和恋歌。月亮渐渐西沉，村寨的影子也消失得无影无踪。狗吠的声音、鸡鸣的声音此起彼伏。可是，当太阳升起的瞬间，仿佛有人用帘子“哗啦”拉开一样，鸟语花香处，艳丽无比的光影铺泻一天一地，本来很凝重的雾霭忽闪了一下，林中百鸟齐鸣，山花争着绽放，人的歌声和着古老村庄的鸡啼犬吠形成一个曼妙的世界。滇西高黎贡山余脉下的莽古山脚，大盈江流域一带阿昌人家的山寨经过一晚的休息终于睡醒了，炊烟融入雾霭，不需要太多想象，这幅阿昌山寨晨景几千年亘古不变。大盈江、龙江、怒江两岸的大片腹地和群山深处，过去交通闭塞，南方陆上丝绸之路和西南古丝绸之路由此穿过，生活全靠步行和人背马驮。

滇西大山梁子总是这样，唱着一支支雄壮有力的歌，好似阿昌女人飘裾着的裙摆。阿昌人家生活在大山的褶皱中，将自己平凡的一生托付给了大山，一切辛苦和幸福交给了大山。阿昌族居住的地方自然、原始、神奇，这些波浪起伏的大山手拉着手，连绵着，呵护着，接纳着。

阿昌族居住的德宏地区属南方陆上丝路的要津。

《南甸刀龚氏宗谱序二》说："粤稽刀龚氏之先，自有记载以来，起于后汉。"后汉之前，阿昌族聚居区南甸广大区域未纳入中国版图，是蛮荒部落时代。李根源《永昌府文征》按："汉武帝，感于构酱，邛竹杖，通西南诸部，设置郡县……永昌郡自汉封二年（公元前109年）没治，至后汉明帝时，哀牢内属，开为郡，复招缅掸邦。掸邦应属傣族祖先。哀牢应属永昌以西德宏境内。德宏一带是东汉之后，设永昌郡才纳入中国版图。"腾冲以西史称"滇越"，汉朝前不通中国。《汉书·武帝纪》元狩三年（公元120年）"汉使求身毒国，而昆明所闭"。当时，这条古代南方丝绸之路，终其功能只能为民间或当地少数民族使用，而不能成为汉朝的官道，这是中原文化与边疆少数民族融合失之交臂的一次机遇。当然，也阻隔了阿昌族文化与中原文化的交流与融合，这是中央王朝对德宏阿昌族先民的活动踪迹一无所知或知之甚少的关键原因。

有文字可考的历史是西汉时期，腾冲、德宏已被称为"乘象之国"和"滇越"。那时，西汉王朝逐渐强大，逐步向"南夷"（南方少数民族地区）和"西夷"（西部少数民族地区）开发。西汉元狩元年（公元前122年），汉武帝刘彻派张骞出使西域归来，谈到在大夏（今阿富汗

地区）发现有经过身毒（今印度）运来的“蜀布”，也就是四川产的麻布、“邛竹杖”（四川西部邛崃山地区产的竹子手杖），认为中国西部地区必然有通往印度方向的道路。于是，汉武帝决定派遣使臣，去四川一带，考察通往印度的道路。这批使臣中的王然于、柏始昌、吕越等人经四川到达了今云南昆明的滇池地区。“滇”人的首领尝羌友好接待了他们，帮助他们尽可能地寻找西去印度的道路。公元 100 年，张骞手持节杖，穿过“博南古道”出使西域，这条路，千年之后得名为“南方古丝绸之路”。但令张骞万万没有想到的是，这条南方古丝绸之路，比北方丝绸之路开辟竟然还早 200 多年。

元朝 400 余年中，金齿区内战事频起、生灵涂炭。自元代 1253 年以来的七八十年间，以及明初到正统 60 多年间，基本上都处于战乱之中：至元十四年（1276 年）元军“师驻南甸”，讨伐“阿昌、金齿之未降部落”；洪武十四年（1381 年）朱元璋命傅有德、蓝玉、沐英征南平麓川；明正统年间的“三征麓川”战役，兵刃鏖战，时起时落。《南甸司刀龚氏世系宗谱》记录：元初“师讨金齿诸部”及思汉法结束，刀贡禄“乃招集流亡重整旧部”；明洪武年间征滇，“丧乱之后，人民离散”，刀贡勐“招集流亡，地方粗安”；明正统年间征讨思任法平息后，刀贡罕“招回本州部民一千一百七十余户”。这就是从元朝至明朝正统年间，阿昌族聚居区三次招集流亡部民的叙述。军队长期大量过往，兵马倥偬，还有部落之间无休止的械斗。史书对夷民的好景虽未钩稽，但可知其“枕山栖谷”的窘境。元明年代，阿昌族在德宏地区处于“式微”状况。

值得注意的是，在十土司统治滇西的近 500 多年时光里，阿昌族或揭竿而起，或遭受屈辱，或默默无闻，或做帮工，或寄人篱下，或做轿夫生涯，经受着非人的深重灾难。如湾中，是专负责为土司提供香纸钱火祭献的寨子，芒展村是专为土司提供脂粉的寨子，马脖子是专为土司吹喇叭的寨子，大窝子是专为土司抬轿子的寨子。凡有重大活动，土司的头人们都要为土司忙上忙下，张罗不已。为躲避苛税徭役、兵匪之灾或痨瘴瘟疫，他们不得不多次搬离故土，形成再迁徙。如关璋村的曹姓来自腾冲罗汉冲，该村自乾隆年间至民国，共搬出26户，有的搬出缅甸，有的搬至江东高埂田，有的搬至陇川户撒、陇川老城附近。勐来村们姓阿昌族自勐科搬到翁冷，又从翁冷搬到勐来；湾中的赵姓来自大帮杏，孙姓来自腾冲，有的又从湾中搬到曩嘎、孙家寨、石碑，有的搬到陇川王子树、护国，有的搬到了缅甸。“土流并治”后，阿昌族度日如年，生活更为艰难。民国时期“土流并治”38年，阿昌族群众与各族劳动人民一样，遭受着土司、流官、地主的剥削和欺压，还遭受过日寇、土匪的烧杀抢掠，不少无辜群众死于非命，而绝大多数人则是担惊受怕、朝不保夕、食不果腹、衣不蔽体。有首民谣是新中国成立前阿昌族社会地位的真实写照：“祖先来得早，家住半山腰。妇人高包头，男女打赤脚。衣布自纺织，筒裙自己做。茅草当铺睡，家具竹木做。租赁压弯腰，杂粮充饥饿。赶街卖柴草，有病难医药。无年不劳苦，有儿难上学。同是炎黄子，无人得官做”，深刻反映了新中国成立前政治地位的低下。

阿昌族是从古代游牧猎渔部落延续下来的后代，进入农耕时代晚于汉、白、傣等民族。在历史的进行中，阿昌族的先民从未形成长期固定的聚居区域中心。史叙：过去沿怒江南下到保山境的范围内，历史上有所谓“十五喧”、“二十八寨”之称，其中“古里喧”、“蛮云喧”、“蛮场喧”、“喇伦喧”、“崩戛喧”和“罗明”、“罗古”、“罗板”、“南窝”、“茶山”、“阿思朗”，共五喧六寨属于阿昌族聚居村落。据《永昌府群蛮志》卷五十七载：“今永昌罗古、罗明、罗板三寨皆阿昌种。”这些喧、寨都是阿昌族向西迁徙过程中在怒江流域留下的居民点。这可以算是“迁徙无常，居无定所”的例子。从1398年南甸土酋

刀贡勐被委任百夫长后，阿昌族逐渐受南甸土司的统治。明代驻军屯边，阿昌族受其影响，民族成分开始发生演变。据《赵氏家谱》记载：赵氏为南京应天府柳树湾人氏，始祖赵德洪为朝廷中议大夫，随沐英征南，乱平，钦授镇武将军职，奉命驻保山板桥，后定居腾冲吴邑，传至第十三代赵尔荣祖到南甸木瓜寨教学，娶小蒲窝石家寨马氏二妹阿昌族女为妻，变为阿昌族。曩宋、九保隶属汉代开通的“蜀身毒道”的驿站和元军的驻营地。阿昌族之所以避居半山腰，其根本原因在于不堪兵扰。

又据当地传说，阿昌族初迁入腾冲时，到处流浪，寻找居住地，这时正值朝廷官员要修筑腾冲城，官方就派人把阿昌族难民全部招募为民工，限定他们首先必须把城修好，才准他们自由寻找地方安家，于是阿昌族人民只好日日夜夜辛勤劳动去筑城，用了十二年时间，终于修成了腾冲城。后来他们才得以恢复自由去寻找地方居住。曩宋乡关璋村的曹姓阿昌族，其祖坟墓碑上申言，始祖曹宾薄洪武二年（1369 年）到腾越，参加筑城守边。曹宾薄的第六个儿子曹晓禄于洪武十二年（1381 年）从腾冲罗汉冲迁到梁河的关璋。

孙姓由汉族变阿昌族的情节颇具传奇色彩。湾中阿昌称“蒙炯瓦”或“文炯洼”，意为龙洞的意思。原来湾中阿昌族住在今大坪子脚的新寨园，属黄墒甸，有曹、们二姓，孙姓是从腾冲来的，至今腾冲还有孙家坡和孙氏祖坟为证。据传当时寨子人丁兴旺，属古驿站，南丝绸之路之其中一段，前有新寨河，后有莽古山，人流如织，街市人流如云。寨中有一曹氏女子，嫁到们家后不幸守寡。此时腾冲勐连香草岭有一孙科，担任催收粮款的官差。因百姓遭灾，无法收足限额。听说腾冲衙府已派出官差来捉拿，便逃到新寨园。一阵鸡叫狗吠，孙科躲藏到曹氏寡妇家，哀求说：“大嫂，官差追我，请你搭救一下！”曹氏便让他躺到自己床上，蒙头盖被，呻吟不止。官差追进家来问曹氏：

"屋里哼的是什么人?"曹氏答:"我男人,被鬼咬缠着,治也治不好。"官差久闻夷方坝的鬼咬着最毒最要命,便一溜烟出了门。男情女意,在寨人的撮合下,曹氏和孙科结为夫妻。为了招待族人,曹氏不得已把自己养的一头母猪杀了。于是传下了"根",凡属湾中孙姓"做家鬼",都要杀一头专门饲养而未劁过的母猪。孙科便是湾中阿昌族孙姓的始祖。也就在这一时期,李姓也来湾中居住。从此,孙、李二姓便居住湾中至今,成了湾中的主体民族,而曹氏却迁居勐科,们氏则移居墩欠。李姓关秧门这天还有不吃猪肉的习俗。据说是族属里有回族人赘有关。

据说很早以前,腾冲县龙江流域的大蒲窝、小蒲窝、龙陵县的芒达、梁河县的小陇川坝、萝卜坝一带都有阿昌族居住。最近几十年来,自认阿昌族并操阿昌语的只有芒达附近及高埂田一带,其他大蒲窝、小龙江、小蒲窝及小陇川一带,多自认傣族。小陇川坝子除英傣等寨子尚操阿昌语外,其余均操傣语,自认傣族。今罗卜坝一带的们、朗、曹、李等姓为阿昌族变的傣族,至今还和阿昌族有亲戚往来。由于地理及经济上的优势,与傣族迅速发展起来成为坝区的主流民族有关。由于历代王朝,特别是明清时期的民族压迫和歧视政策,使个别地区的阿昌族人民对自己民族的前途失去信心,因而不愿意再承认自己是阿昌族的情况也是存在的,如罗卜坝一带的阿昌族即是。

南诏灭亡于902年,蒙撒人是在南诏灭亡后才陆续从巍山向西部迁徙的。户腊撒的阿昌族祖先就是从云龙漕涧迁来的,有的还是从梁河迁去的,他们同属氐羌民族的后裔。阿昌族在户撒定居的初期仍然过着由部落首领统治下的农村公社生活。土地归村社公有,村社成员只有使用权。后来由于村社之间土地占有不均而常常发生纠纷,甚至酿成内战,据说他们之间还打了九年内战,最后由最高军事首领统一了各个村社,确立最高首领统治地位。这段时间,阿昌族曾一度兴旺

发达，居住地区也因人口增加而不断扩大，东部曾一度扩大到梁河县的罗卜坝一带，北边曾扩大到盈江县境，南边也曾一度扩大到陇川坝子的北部，他们分别居住在河谷和半山地带，各踞一方，有自己的酋长和山官，但在11～12世纪，德宏地区出现了两个傣族的强大部落联盟政权使阿昌族的发展受到了极大限制。在阿昌族尚未形成大部落政权之前，傣族势力又进入到这一地区，把阿昌族从曩宋、九保、罗卜坝、小陇川等坝区排挤出去。经济上的优势，使傣族迅速发展成为坝区的统治民族，阿昌族失去扩大统治范围，只好把自己的活动范围局限在气候较寒冷的户腊撒地区，以及梁河坝区边缘的二半山区。

1000多年来，虽然较多的是阿昌族融合到傣族中，但也有其他民族融合到阿昌族中的。阿昌族最古老的寨子为云南云龙漕涧、诺邓、旧洲、腾冲新华的八角、石窝铺、梁河下弄别、猛科、湾中；姓氏最古老的是马、冯、们、俸。

阿昌族的姓氏都能用阿昌语表达。明代以前多双音节的姓，后才逐步用汉语单音节姓氏。如：赵姓称“腊依”，孙姓称“腊耸”，李姓称“腊诗”（腊尚），王姓称“腊纳、腊瑶”，曹姓称“腊翁”，杨姓称“腊碑”，朗（曩）姓称“腊扎”，俸（哄）姓称“腊荷”，梁姓称“腊擦”（或腊乍），张姓称“腊准”或“腊贺”，马姓称“腊缀”、“腊米扬”，闷、们、龙姓称“腊降”，石姓称“腊令”。从姓氏中足可窥视阿昌族的发展过程。俸姓是阿昌族典型的古老姓氏，南诏时代浪穹诏，邓赕诏主丰时、丰咩兄弟就是俸姓，南诏一度自称“封人”。俸姓进入腾冲后，最早定居于小蒲川，后来又迁移到梁河小陇川，又从那里分出一支到高埂田定居。

杨姓也是原来的阿昌族，最早称“腊啤”，即崇拜太阳神的氏族，后演变为杨姓。他们自称是从漕涧搬来的，先迁到腾冲龙江流域团田，后迁到明光，再迁到小蒲川，最后才迁至梁河县。

还有曹姓，为葫芦氏族，张姓为鹰氏族，闷、们、龙姓为篮子氏族，每个氏族都有它自己的图腾崇拜标志。以无生物（鬼）为氏族标志，是古代氏族部落所保留下来的遗风。这种遗风正好能透过“讨夷婆变夷人”的纷纭传说而显露出本民族血脉的传承。

大盈江不古，西南古丝绸之路作为历史里的风景，不仅记载着阿昌族的抗争，更印证着一个边地民族的兴旺。只要人们细听，就能感受到阿昌人的急促的脚步声穿越滔滔江水，就能从幽幽古道里捕捉着到先人的一点灵光。

第四节　阿昌的传说

阿昌族是云南秘境里的古老民族之一。德宏一带的阿昌族自称“哈藏”，“阿昌”是汉语最贴近的译音。

阿昌族石神神话说，一对从葫芦里出来的兄妹，是人类最早的始祖。为了繁殖后代，繁衍人类，兄妹欲结成配偶，除了征询天地神的意向，还须求得石神哼戛的允许；兄妹俩向石神哼戛祷祝，站在山头，各滚一块扁石下山，结果两石在箐底叠合。于是，兄妹成婚，生儿育女，人类由此一代一代繁衍出来。

关于阿昌族的来历，还有一个古老而神秘的传说。传说阿昌族先民居住的地方，称为“勐撒峒”，含义为“东边出太阳的地方”。勐撒峒在什么地方，目前还没有发现足以与“勐撒峒”相当的地名及证据，所以很难考究。有的说在北方，有的说在南方，更有的说在大理，有的说在丽江永胜，总之说法种种。人们按照神秘的传说苦苦追寻，但始终得不到一个确切的定论。但户撒的阿昌族均自称“蒙撒”，因此，“蒙撒峒”可能就是“蒙撒”的变音，即为蒙撒人居住的溪峒，意指怒江、澜沧江以至金沙江上游一带地方。传说“勐撒峒”里有一个国王，

马面人身，大概是以马为图腾的氏族部落。国王生有两个儿子，长大后由于其父性情暴戾，不能长期相处，且争夺王位继承权闹不和，无法相处下去。于是二子只有离开原居地，率领他的家属部众一千余人，带着谷种，搬离了勐撒峒，向西方迁徙，寻找适宜谋生之地。后因所到的地方山高河深，不宜长期定居，先后搬了七处，最后才在户撒坝子定居下来。由于当时户腊撒坝森林茂密，连路都没有，只好相约沿路以砍芭蕉树为标记。长子带领的群众定居于今梁河县境，即现在的“先岛”；次子带领的群众定居于户腊撒，即现在的“蒙撒”，他们都是亲属关系，而先岛人实际是阿昌族的一支。走在后面的见芭蕉树已长得很高，以为追不上了，便不再往前追赶。因此，阿昌族就形成了今天这样分布的趋势。且不管这个传说是否真实，但阿昌族一直坚信自己是一个从青海及川甘大迁徙而来的游牧民族，他们的梦在北方，根在北方，大中华文化血脉深深烙在阿昌人的记忆最深处。

阿昌族早期的历史，形同乱麻，由于有关的文字记载和传说较少，所以只能从现在社会发展生活中的一些线索，并结合为数不多的传说以及汉文的零星记载进行追溯，得知阿昌族的族源有几种传说，并充满神秘色彩。一是东来说，传说阿昌族是由东方迁来的，渡过怒江，到达保山、德宏广大地区；清王文凤《云龙记往·阿昌传》中追溯云龙早期的民族为阿昌族，云龙在怒江之东。二是北来说，明天启《滇志》及《四夷馆考》均以茶山、里麻二长官司的“所属蛮峨昌”也相符，则说明明代里麻茶山等地已有阿昌族，传说阿昌祖先有三兄弟，老大是“先岛人”，阿昌的一支，至今在盈江县还有自称为先岛的民族，由于划分民族时，自愿划归了其他民族，老二是阿昌，老三是载瓦，先岛在前，阿昌随之在后，远方地区载瓦因路程较远没能赶到，故阿昌族祖先与景颇族祖先是一支，两族在历史上关系十分密切。三是南来说，传说阿昌是从勐四通迁来的，勐四通是个坝子，位于南方靠近傣族，其当时因官家老大和老二不和，老二被其兄赶出，带领一部分人到了户撒、腊撒。又有一说是被缅王赶上来后，以后变成了阿昌族。四是内地来说，传说阿昌族始祖为汉族，明洪武沐英征麓川时随之而来，后与阿昌族通婚逐渐融合后而成阿昌族。经考证，东来和北来一说最有说服力。据明正德《云南志》记载，唐代寻传部落即明时的俄昌。唐代时，阿昌族就已分布于伊洛瓦底江上游一带（永胜一带），后因历史发展分为东西二部。故阿昌族东迁和北迁之说较为可靠。从族源的说法亦可看出，现在的阿昌族从历史上已和景颇、汉、傣、白等民族有了密切的联系交往，故现在的阿昌族语中的部分词汇吸收了各民族语言的成分，为此，他们对于自己语言的复杂性，有这样一种传说：在开天辟地时，皇帝分话，景颇、汉族、傣族、傈僳等民族，都向皇帝要到了话，皇帝无法，叫上述民族各分几句给阿昌族，从而便构成了阿昌语。没有文字记载是因为当时古人将语言文字写在牛皮上，后因没保管好被狗将写有文字的牛皮啃吃了才失去文字的。笔者了解到，近年在户撒已发现了阿昌族最古老的文字和语言书籍问世，证明阿昌族的历史极为悠久，有文字记载的历史可追溯至大理云龙。追溯历史，阿昌族的族属和来历经历了漫长的演化过程。

“天公地母传人种”的神话传说，反映的是阿昌族人民一种原始、朴素的民族同源意识。阿昌族远古传说，在天地产生之前，世界一片混沌。没有天，也没有地，只有“混沌”，混沌中无明无暗，无上无下，无依无托，无边无际，虚无缥缈。后来，在混沌中忽然闪出一道白光。有了白光，也就有了黑暗，有了黑暗，就有了阴阳。阴阳相间便诞生了天公遮帕麻和地母遮米麻。

遮帕麻腰系赶山鞭创造了天，创造了日月，他将巨大的左右乳房撸下变成太阴山、太阳山，有了太阳、月亮，还创造了满天星星。遮米麻摘下喉头当梭子，拔下脸毛织大地。织好了大地，她还在大地上

织出了花草树木、江河湖海。

天地造好以后，天地间变得非常美丽，但是“山高没有打猎人，林深没有砍柴人，地阔没有种田人，海宽没有捕鱼人”。遮帕麻和遮米麻便采用滚石磨和烧柴烟的办法进行神卜，结果，两山滚下的石磨神奇地合在一起，两山点燃的柴烟神奇地交汇在一起，他俩就结合成了家。结婚九年，遮米麻才怀胎，怀胎九年才生产，生下一颗葫芦籽，葫芦籽九年才开花，开花九年才结果，磨盘大的葫芦生出九个小娃娃，他们就是汉、傣、白、纳西、哈尼、彝、景颇、德昂、阿昌族的祖先。

第五节　圣地遗梦

据史书载，古大理南诏国六诏中的“浪穹诏”、“施浪诏”、“登浪诏”三个诏，史称“三浪诏”，是阿昌族先民浪峨人所建立的。南诏发源地蒙舍诏中的“蒙舍”，即蒙撒峒，是阿昌族的发源地。蒙舍诏是阿昌族先民建立的部落政权，后蒙舍诏统一了六诏，建立了南诏地方政权，南诏国被大理段氏灭亡之后，阿昌族才被迫迁离洱海地区。

随着南诏对寻传地区的开发，先进的南诏文化不断传入，商业贸易往来日益密切，当时洱海区域的商人到这些地区贸易，因路远及要经过气候炎热的潞江坝，行程艰辛，有些商人往往无法返回而留居寻传地区。樊绰的《云南志》（《蛮书》）中曾记载着“冬时欲归来，高黎贡山雪；秋时欲归来，无那穹棪热；春时欲归来，囊中络赂（财物、货币）绝”的歌谣，充分反映了阿昌商人们的哀怨心情。阿昌族在古代就居住在现今的云龙、保山、腾冲以及从盈江西北部到缅甸的江心坡等地区，此外在丽江地区的永胜县也散居着部分阿昌族。据现在所知，云龙的峨昌政权，高黎贡山西侧的大开发及封建土司制度的建立，就是阿昌族在历史上的重大发展和建树。

清初云龙人董善庆《云龙记往》里写道：早在三国时代以前，在澜沧江边的云龙旧州一带，居住着三种部族："摆夷十之七，阿倡十之二，蒲蛮十之一"。诸葛亮南征（225年）时，"摆夷"屏喇统治这一带地方。后为"阿倡"祝美所杀，全族尽灭。东晋时代出现了较强大的阿昌部落酋长，驱走了占人口70%的"摆夷"；到南北朝末年，则又进一步驱走了"蒲蛮"，成为当地的统治民族。这是汉文记述中，"阿倡"人在古云龙一带繁衍生息最为强盛的时期。今天德宏州地区的阿昌族，根据代代相传迁移源地和口碑，当属于从云龙陆续迁西留下的苗裔。

在唐、宋、元时期，澜沧江以东即今云龙、兰坪、丽江、永胜一带，由于靠近南诏大理国腹地，经济生活中较快地接受了先进民族的进步因素。据《云龙记往·阿昌传》记载："祝美者，阿昌种也。喇乌灭，摆夷之种，或死或逃，自此渐尽。惟阿昌、蒲蛮二种，亦各立酋长，不相属。惟阿昌有傈作者，居今松牧村，号象山酋长。"这一记录进一步描述了当时云龙地区，处于部落纷争的状态，也记录了傣族退出大理南诏的关键原因。《云龙记往·阿昌传》还记载：阿昌族先民在澜沧江流域取代摆夷后，发展到唐末宋初时已成为这一带部分地区"各夷皆拱服""听其择立酋长，岁贡物产以为常"的强大部落，农耕为阿昌族带来了生机。6～7世纪，云龙境内的阿昌族势力日益强盛，阿昌族部落酋长早慨率众兼并了蒲蛮部落酋长底弄，成为云龙地区各部落的首领。其间，马山（今漕涧）、鹿山、峨山（今浪宋诸村）、邓山、凤山（今赶马撒等地）的"众夷皆拱服，岁贡物产以为常"。由此可见，当时的阿昌族已形成部落联盟，在此之前的部落首领是"皆任人自立"，到早慨时期则"以铁印券为凭，不得擅立"。从此，传统的部落酋长选举制也随之被打破，改为世袭制，阿昌族社会开始进入奴隶制社会的初级阶段。铁印券的产生，证明阿昌族掌握冶炼铁的技术

较早，打制刀具、铁制工具的时间较早，传说，著名的南诏剑就是阿昌族打制的。

南诏政权（8世纪）建立后，南诏王阁罗凤“西开寻传”，曾引起了一部分阿昌族部落的西迁，但也使先进的南诏文化不断流入，商贾贸易往来日益密切。到了大理国时期（10世纪），云龙的阿昌族部落首领早疆，接受大理国的招抚，使阿昌族的社会结构和经济结构都发生了巨大的变化。

据《嘿咕，嘿勐——勐卯古代诸王史》一书载，德宏自古就是傣族先民居住的地方，盛传其祖先早在3000年前就在瑞丽江两岸建起很多部落。公元3世纪时出现了强大的部落联盟。大约在公元25～206年前，德宏州已进入阶级社会，在大盈江、瑞丽江、萨尔温江和伊洛瓦底江一带产生了由酋长世袭统治的百夷部落。唐朝天宝七年（748年），南诏合六为一，统一了今大理地区，成立了南诏政权。南诏战胜了唐王朝在云南的政权后，先后夺取了西南设置的府、州、县，在滇西直至缅北的部分地区设置永昌节度使和镇西节度使，永昌节度使下设永昌府、软化府（腾冲）。937年，段思平推翻义宁国之后，建立了大理政权，在滇西仍设永昌郡，下辖一郡、一州、十一个羁縻甸、部。滇西北设腾冲府，下辖“金齿”、“漆齿”、“朴子”、“望蛮”、“寻传蛮”等族的甸部，即南甸、干崖甸、僳甸、布忙甸、薄东甸、乞蓝甸。《蛮书》记载，这些甸南诏时都属永昌节度使所辖。唐南诏时，南诏地方政权曾以武力征服德宏阿昌族居住地区，强迫部分百越部落移居滇池、洱海一带，又把一批人迁入伊洛瓦底江以东各地。到大理灭南诏成立大理国时，德宏地区诸部落趁此机会相互兼并，到宋朝时，组成了四大部落：勐生威、勐兴国、勐兴色（勐底和勐乃）、勐卯。四大部落又组成了一个部落联盟称为乔裳弥国，又称果占璧王国，后称为麓川王国。果占璧有广阔的疆土。据明钱古训所著《百夷传》记载“其地方万里”。又据史书记载：“东至潞江，湾甸与永昌相连，东南至景栋车里，南至清迈；西与东胡、得楞、缅人三国相接；西北与印度为邻，北达吐蕃（西藏）边缘。其都城设者阑（今缅甸南坎），后思氏麓川政权迁往勐卯（今瑞丽市）。

阿昌族先民自元代始，居住的地域已相对稳定，“迁徙无常”的生活这一时期被相对安定的定居生活所代替，进入了固定居住的生活阶段。应该这么说，迁徙铸就了阿昌族的文明与辉煌。

这一时期的阿昌族不仅喜欢种茶，而且喜欢贩盐。云龙、永胜、华坪、漕涧、旧州一带，出产大量的食盐，为阿昌族生活创造了极为有利的条件。如今，不少古老的盐井尚存，为解读阿昌历史寻找到充足的证据。在搜寻这些关于阿昌族历史碎片的过程中，总有一股激情在升腾，阿昌先人的精神而感动！

旧时称阿昌为“乌恰子”，也就是“背盐人”的意思。这一时期，阿昌族进入了繁盛阶段。阿昌族古歌里有一首《背盐歌》，诉说了阿昌族是古老背盐人的艰辛和勤劳。阿昌崇拜盐，盐神桑姑尼就是美丽女神的化身。阿昌族随盐井的兴衰而兴衰。为争夺盐井的所有权和控制权，居住在澜沧江东岸及洱海以西广大范围内的阿昌先民也突然开始了大规模的迁徙，以至于清朝以后，渐被白族所征服，阿昌族在这一范围销声匿迹。

西边啦日落，
大地啦黄昏；
相约啦在早上，
祖先啦煮盐。
小路啦崎岖，
坎坷啦脚迹；

身背啦满背，
阿昌在背盐。

日落啦西山，
大地啦黄昏；
相约啦离开家园，
男人啦煮盐。
小路啦弯弯，
脚迹啦泥水满坑；
装了啦背满，
阿昌在背盐。

元末，云龙阿昌部落长早褒，以长女招客民李贯章为婿，以次女招客民段保为婿，明军统帅傅友德、沐英率军进攻大理，段保招阿昌士兵40余人随沐英攻大理，沐英奏段保破大理有功，朝廷敕封段保为云龙州“掌印土知州”，世袭。

明洪武十六年（1383年），云龙漕涧坝阿昌族酋长早纳率部归附明朝，明朝授以“漕涧土千总”职，早氏任世袭土千总传至第十四代时，民族头人段进忠叛乱，计擒段进忠有功，明朝廷恩赐冠带，赐姓左，土司由早姓改为左姓。据早陶墓碑记载，明、清两朝漕涧阿昌族土千总统治区域东至雪冲与旧州段氏土司接壤，南至栗柴坝与保山瓦窑接壤，西至孙足河底，北至分水岭与外夷相连，包括今日漕涧乡、民建乡及老窝等地，面积1000平方千米左右。这里的阿昌族土千总世袭了475年，一直沿袭到清朝咸丰年间，在以杜文秀为首的回民起义浪潮冲击下才最终瓦解。

有元、明史籍记载：云龙峨山早氏，早在元代就被封授为“云龙甸军民总管府总管”世职。及至明代以后，封授的峨昌世袭土司就更多。腾冲北部的氏甸早氏，被授为“氏甸安抚使司安抚使”；片马和梅恩开江的早氏，被授为“茶山长官司长官”；迈立开江的刀氏和早氏，被授为“里麻长官司长官”；户撒赖氏被授为“户撒长官司长官”；腊撒盖氏被授为“腊撒长官司长官”；腾冲茨竹园左（早）氏被授为“茨竹隘加宣抚衔土守备”；云龙漕涧的左（早）氏被授为“漕涧土把总”，其先祖早陶还是明代诰封的“世守漕涧武节将军”；陇川邦角的尚氏被授予“石婆婆隘副抚夷”等。封建土司制度的建立，完全表明峨昌社会又大大前进了一步。

茶山长官司（今怒江州泸水县片古岗乡及缅甸北部部分地区）：据天启《滇志》载，地处腾越州西北，距州府五日程，原属“孟养”。永乐三年（1405 年）孟养土司与上江土司纠合叛乱，阿昌族首领早章不从，并于五年（1407 年）朝觐，明朝赐印，授早章为茶山长官司长官。其后传至明万历末，其他部落势力崛起，早氏战败后携部落迁入腾冲县境。

里麻长官司（领地为缅甸北部江心坡一带）：其地东与茶山长官司地相接，西北有整冬、温冬二山，辖区内主要是阿昌人住居，永乐三年（1405 年），孟养叛，部落首领早姓有拒贼功，六年（1408 年）明朝廷颁印，授世袭长官司，传至万历中，刀思庆袭正长官，早奔为副长官，大约于茶山长官司同时遭受其他部落杀掠，迁离故地进入腾冲、德宏等地。

户撒长官司、腊撒长官司：今属陇川县的户撒阿昌族乡之地，似一船形的山间平坝，海拔较高，气候温和，无瘴疠之害，又介于干崖、陇川两宣抚司之间，属交通要道、战略要地，明朝统帅王骥“三征麓川”后，于正统七年（1442 年）令左哨把总赖罗义驻守，今郎光村有“沐城坡”因明军戍守城而得名，墙基石尚存。令把总况本驻守腊撒。

这些守军后来多融合在阿昌民族中，赖、况两姓成了户撒、腊撒两地阿昌族的头人，后升为长官司长官，管理阿昌族地区事务。

户撒、腊撒地区，初为腾冲卫屯区之一，后因戍守军逃亡或融合于其他民族，官吏豪强侵夺，原来的屯田变成了“官庄”，户撒演变为“沐氏勋庄”。清康熙十二年（1673年）吴三桂又将户、腊撒撮为己有，称“吴氏勋庄”。到康熙二十一年（1682年）废除勋庄，归原赖、况两姓承袭。雍正二年（1724）土司获罪革职，户、腊撒划归腾越州管辖，改设伙头，历时50余年。到清乾隆三十四年（1769年）干崖赖邦俊进京求复土司职时又恢复了两长官司职。历明、清至民国，多数时间为赖、盖（即况后裔）二氏承袭长官司职，直到中华人民共和国建立。这些曾经的辉煌化作了遗痕。

第二章

阿昌礼赞

第一节　古歌祭颂山神

阿昌人的山神在自己心中。阿昌族总喜欢用平凡岁月的针线织补自己的生活。

山神是他们的知音。大山的脸谱需要凝视，凝视山神的脸谱就得走向阿昌心中的芳草绿地。阿昌对石头、犬图腾有特殊的崇拜。阿昌族有认大石头为干妈的习俗。为了使寨子风调雨顺，阿昌族会在寨子不远的地方立一棵石柱叫色猛或瓦嘎，或立一只石�，以消灾祈福。

阿昌的寨神为寨子里最大的树，也叫神树，而阿昌族的山神是看不见的守护神，是他们的知音，时时供奉在心坎上。懂得阿昌族历史的人都知道，当阿昌族被迫迁离其最早的农耕定居家园时，祖先遗留下来的《古歌》感天动地的哭唱之声是如此的悲壮有力。俗话说“阿昌生得犟，不哭就要唱”。在这种声音中，饱含着阿昌族所经历的无穷无尽的艰辛和屈辱。浑厚的歌子，挣大的嗓门，将山寨的树叶抖落。

阿昌的子孙啊，
你记不记得阿公阿祖走过的路？
你知不知道我们阿昌的历史？
你晓不晓得造天织地的天公和地母？

晓不得大青树的年轮算不得好木匠，
不会算牙口算什么赶马人？
不懂法术就做不了活袍，
晓不得祖宗怎么献家神？

我是一个老倌人，
故事是先辈传下来的；
造成直接经济损失天织地的故事像流水一样，
传了千万代才传到了我们这里。

静静地听吧，子孙们，
我来为你们歌唱，
让遮蔽帕麻和遮米麻的故事，
像大盈江水一样长流不断。

阿昌族敬畏大山，用古歌祭颂大山，是因为感怀先人的无数恩赐。阿昌族觉得神仙随时都在，只是不在一个地点而已。

第二节　散落在古丝绸之路的风情

一方水土养一方人，阿昌历史悠久，文化灿烂，古迹众多，风情浓郁，山水灵秀，意味悠长。五山六寺遂人愿，九塔十五奘房故事多。欢快的阿昌象脚鼓舞伴着悠悠的三叶箫和马腿琴，跳出了“中国民间艺术之乡”的美名；闪闪的银饰，让民族姐妹更加灵动、更加美丽。奘房里，信徒虔诚，诵经声声；道路旁，花团锦簇，四季如春。阿昌美丽的风情没有消逝在古道里。

古老的山寨。美丽富饶的阿昌山寨是阿昌族社会的缩影。一座山寨就是一段古老的历史。阿昌的迁徙史中，有一座大山，它就是阿昌的神山腊鹫崩。莽古山作为哺育阿昌子民的又一座神山，世世代代阿昌族为此祭拜供奉于心坎之上。

狩猎。狩猎是阿昌族最先的生产生活方式之一。当采集到一定程度后，狩猎也成为必不可少的一门生存渠道。至今阿昌族还保留着大年初一青壮年集体到山里祭祀撵山的习俗，这种原始生产方式的有力证据可从阿昌族的“开口”这一传统习俗中得到证明。阿昌妇女在生育过程中，婴儿的降生，出现的生育礼仪，形成独特的文化现象。如“坐月子”、“送祝米”、“踩生”、“闯名”、“吃三召饭”、“开口”、“抓阄”等就是生育文化的发展过程。

过去，阿昌族青年结婚后，有猎豹和猴子的习俗。现在豹子和猴子已不可能猎获，但野兔及野鸡还常被善猎的阿昌族所猎获。因此，多用此类野味为孩子“开口”（“开口”即小孩开口学话语时候，要设宴招待乡亲）。“开口”早的在孩子半岁左右，设酒席，请寨中老者参加，“开口”晚的则在“满岁酒”中进行。阿昌族长期生活在半山半坝地区，狩猎是必不可少的。野兽、野物经常出没，给阿昌族生活带来

不少实惠。野兽既是他们的朋友，又是他们的食物。在原始的过去，更是成了他们必须掌握的生活要领。如今的阿昌族生活富裕了，懂得热爱自然和保护生态，不再狩猎，昔日的狩猎故事已经成为过去的历史成为在火塘边的一种白话或一种笑料，猎枪成了古董。相信这种品味更美好，更有滋味。这样的例子，阿昌族山寨比比皆是，数不胜数。

奇特的“跨国婚姻”。阿昌族一些村寨与缅甸接壤，共同的风俗习惯，使这里的阿昌族杂居相处，有的跨境而居，通过共通有无，生活上的相互礼尚往来，阿昌男子娶缅甸媳妇、阿昌女人嫁到缅甸的逐步增多。随着信息的不断发展，语言的相近，接触外界的机会多了，交流沟通的机会多了，恋爱自由了，包办婚姻消除了，生活方式改变了，禁锢在人们中的思想观念随之消除，异族相互结婚的越来越多，形式更为简单，民族融合更为普遍。如陇川城子新寨，近60户的人家，是从梁河丙岗等地搬来的。时间虽已100年的历史，但始终保留着原有的语言和穿戴。在他们的影响下，附近一带的景颇族和傣族和汉族都说阿昌话，他们还懂得景颇语和傣族语，多民族是一家在这里得到了最好验证。

阿昌生来爱戴花。阿昌生来爱戴花，戴花形成阿昌族又一特有的民族风情。当你走进阿昌族山寨，你会发现阿昌族青年男女都喜欢在包头上、发梢上插饰一朵朵鲜花。这朵朵鲜花，不仅美观，而且他们还视之为品性正直、心灵纯洁、爱美的标志。

阿昌族戴花来自于原始崇拜和自然崇拜，鲜花开于山间、自然界，不仅增添节日气氛，而且还增添了一种纯自然的美丽。最初是为了祈福消灾和追求吉利，逐步表现出美好的幸福追求和象征、情感的宣泄。春天是万物复苏的时候，阿昌族趁着这个节日，放松自己，戴上鲜花，表达一春的心愿和祝福。花是情，花是爱，阿昌族在春天里相聚永远不分开。爱戴花的男人热爱生活，钟情又中意；爱戴花的女人美丽漂亮，心中藏着无数的梦想、更有着宽广无限的大爱。

寺庙奘房众多。阿昌族聚集的地区多佛寺奘房，梵宇缭绕，四季祭祀朝拜的佛音不绝于耳。尤其户撒坝，佛寺奘房林立，坝子如同天堂一般美丽。这里，溪流纵横，宁静恬适的草坡衬托着无际原野，在摩天接云的山脊，竹树掩映下的那一幢幢木架房，透露着无穷魅力，无不令人赏心悦目。而团团绿云似的热带丛林之上，高耸着或金黄或洁白的佛塔，则顿时感觉把人带到了超凡脱俗的天国。寺塔交辉的吉祥佛光不时映现在白云间，田野里，在炫目的热带阳光的照射下，四处散发出熠熠生辉的吉祥佛光，使人如坠梦中。

户撒阿昌佛塔 （作者提供）

异国缅甸本身是佛光普照的国度，自小乘佛教传入阿昌族聚集的广大地区后，因受汉、傣、傈僳等民族文化的影响，也不同程度地影响着阿昌族的宗教观念和宗教信仰。户撒阿昌族的宗教文化较复杂。自明清以来，多数人信仰小乘佛教、道教，但各家各户仍保留着传统

陇川县户撒皇阁寺　（作者提供）

的自然崇拜，例如祭寨神；神灵崇拜，例如祭太阳神；祖宗崇拜，例如祭高堂、祭祖坟等。全户撒境内不但有奘房、佛寺、皇阁寺、观音寺、关帝庙，且家家户户供奉有灶君、祖宗、财神。长期以来，小乘佛教、汉传佛教、基督教、巫教、道教相互吸收，相互融合，从而形成了多种宗教并存的局面。新中国成立后，国家大力提倡精神文明建设，丰富物质文化生活，人民群众崇尚科学的意识得到明显加强。

阿露窝罗牌坊　（作者提供）

水稻之王。阿昌族是享誉古今的“水稻之王”。由于阿昌族聚居区地处高黎贡山余脉的丘陵山地、峡谷平坝，为阿昌族农业生产的发展提供了良好的条件。阿昌族自古以擅种水稻而闻名。水稻之王“毫安公”，又叫“考木累”，就是阿昌族培育的。水稻之王孕育大量的水稻文化，农耕文明隐现出阿昌族大量古老文明的信息。

阿昌族祭礼“榜”和“谷期”

阿昌族是古老的农耕民族，在生产实践中积累了丰富的耕作经验。阿昌儿歌有一首《回文歌》：“什么黄，朱砂黄，什么朱，麻母猪，什么麻，花椒麻，什么花，丁香花，什么丁，蛇蚤叮，什么格，篱笆格，什么犁，田牛犁，什么田，谷茬田，什么谷，长毛大白谷。”阿昌族培育的著名水稻良种“毫安公”，就是长毛大白谷。

阿昌族是我国较早种植水稻的民族之一，具有丰富的植稻经验。阿昌族的农耕生产，精耕细作，生产工序繁杂，耕作技能先进，因而产量较高，在生产实践中积累了许多耕种经验，为农业生产更加丰收，

经常变换品种，重视育种育苗。阿昌族喜欢用绿色枝叶沤田、施底肥、改良土壤肥力结构。稻田耕作三犁三耙，第一次犁板田，暴晒田垡，然后，打“腊水”，做田，耕田用水牛。耕作工具较齐全，有犁、脚耙、手耙、锄、平秧田的“躺耙”等。通常打“腊水”后，铲埂，犁耙两道田后，“上埂”，以防止水浸泡后埂渗水倒塌而用稀泥包埂；再犁耙一道后开始插秧。插秧后二月许薅秧，通常薅三道，将所除的杂草踩入秧田使其腐沤成肥，然后割埂草一两道，提防虫鼠害。“薅谷花秧”习俗在稻花打穗时进行，属中耕管理。薅秧可使泥土松软，有利于刺激稻株吸肥吸氧，还有利于稻花受粉促进丰产。阿昌族还有习惯在水田里放养鲫鱼的传统，不仅提高收入，还为稻谷的生长起到了催肥灭虫的作用。凡此种种习俗，都是阿昌族作为农耕民族在丰富的生产过程中所获得的宝贵生产经验。由于掌握了生产经验，阿昌族逐步成了先进的农耕民族。

木碓、水磨、水辗使用历史悠久。木碓、水磨、水辗是古代阿昌族必不可少的制粮工具之一，至今保存良好，几乎每寨都有。阿昌有句谚语：“不会使牛便会看伴”。在阿昌族民间，至今还流传着一种叫作“转犁头”的古老习俗。每年农历正月十五后的第一个“龙”日或“虎”日，农民们都扛着犁，牵着耕牛，到田地里犁上几转，如果自家的田地太远，则在寨子中间或宽畅些的场地上，空犁几圈，称为“转犁头”，认为这样即可获得好收成。关于这习俗，有着这么一个传说：古时候，春种开始，耕牛不是常常生病，就是力气不足，影响播种，甚至还要人们手挖脚扒，往往误了节令，造成减产歉收。后来，有两户阿昌人家，春节刚过，就分别在属龙和属虎的日子，犁了半天田地。这年他们两家的耕牛不但没有生病，而且力气格外地大，犁田耙地，总是走得又直又快，脚步迈得又稳又大。穷人一条牛，生命系上头。秋收时，这两户人家都意外地得了个好收成。俗话说，庄稼无牛白起早。此后，阿昌人家都学着这两家，在春节后的头一个龙日或虎日转犁头，于是慢慢就形成了这种风俗。

佛祖的花园——户撒。户腊撒古时称“勐索”，自古以来被称为“佛祖的花园”，是阿昌族心中的伊甸园。四周长满森林，山花烂漫，流水潺潺。春天来临的时候，满坝全是金黄的油菜花，洁白的鹭鸶在花间起舞。户撒，傣语为“勐撒”，缅语为“万莫达”，古为哀牢县中心地，所以有人也称户撒为“哀牢圣地”。户撒，傣语为“勐撒”，缅语为“万莫达”，古为哀牢县中心地，所以有人也称户撒为“哀牢圣地”。据民间传说，很早以前，佛祖要到人间立一个“怕腊宾否孙吾艳”（傣语，意为佛祖的花园），最初，佛祖打算在干崖（盈江）立总园。但在那个年代，干崖还是一个宽阔的湖泊，每当夜幕降临的时候，张牙舞爪的妖魔鬼怪出来兴风作浪，把湖泊搅得白浪滔天。佛祖看到此情景就改变了主意，返回天庭时却在湖泊的东南方向发现了一个山清水秀、风景宜人的高原坝子，于是佛祖就选择了户撒作为自己的花园，这就是今天的户撒坝。相传，佛祖在户撒把花园立好后，分别叫亚写嘎当嘎素、亚写们喊两个徒弟留下看守花园。佛祖临走时，对亚写嘎当嘎素、亚写们喊两个花神嘱托，他要返回天界讲经，当花园内鲜花盛开的时候，就会每年的九月十五日返回人间来赏花，佛祖离开人间的这天正是农历六月十五。户撒因此而获得了“佛祖的花园”这一美丽的称号。

阿昌族寨子多大树、石柱、多水井。纵横交错的水井和石板路，构成一道特殊的景观留存至今。大树以柏树和龙宝树最主，一般选择最大的一棵作为寨神供奉。水井有大有小、有深有浅，几乎每个村子都有一口共用水井，晒谷场是阿昌族农村生活的一个缩影，且全用上等石料镶砌而成。由于受大石崇拜及人居地理环境的影响，阿昌族人家建筑多用易取、坚固、耐用的石头建筑。每户人家至少拥有一盘石

磨石碓，每个寨子拥有一盘石辗和一座水磨房，各家各户的房屋均铺石头。院子里大都用石头镶嵌，并拨石槛、石凳。村间的道路均用石头铺就。从这些幽深的古井和石板路可以品读出阿昌族不少历史和聪明才智。从这些石头中，人们不难读出阿昌的生活是那么淳朴又自然。

第三节 穿在身上的史书

1. 鲜艳夺目的民族服饰

阿昌族的服饰简洁、朴素、美观、张扬。阿昌族的服饰品种繁多，做工精美。从阿昌族的服饰可以看出阿昌族热爱美丽，喜欢打扮。阿昌族服饰大体可分为三种，腾冲龙陵为一种，梁河为一种，陇川户撒为一种，差别主要在款式、色彩和造型上，尤其是妇女服饰最明显，个性最强而且特点最突出。

阿昌男子服饰大同小异，小伙子喜欢白色、浅绿色，裹“包头”，裹绑腿，老年人着黑色。节日时，老少喜佩戴一银质纽扣，甚至是花朵等饰物。户撒阿昌多穿蓝色、白色或黑色的对襟上衣、下穿黑色裤子，裤脚短而宽，小伙子喜缠白色包头，婚后则改换黑色包头。有些中老年人还喜欢戴毡帽。青壮年打包头时总要留出约 40 厘米长的穗头垂于脑后。男子外出赶集或参加节日聚会时，喜欢斜背一个“筒帕”（挎包）和一把阿昌刀，更显得英俊而潇洒。

妇女的服饰有年龄和婚否之别。阿昌族年轻女子一般着长裤，穿白色、粉红色、蓝色上装或黑色衣服，戴手镯、项圈、银链等饰品，包头比成年妇女略小。中年妇女多喜戴大包头，穿黑色棉布的服装，下穿筒裙，上着对襟短衣，纽扣由布料制成，为六颗，同时，还饰银质纽扣和链饰。节日庆典、婚嫁喜事，喜着盛装，喜饰各种银饰。未婚少女平时多着各色大襟或对襟上衣、黑色长裤，外系围腰，头戴黑色包头。梁河地区的少女一般用五彩丝线盘发，也喜欢穿筒裙。已婚妇女一般穿蓝黑色对襟上衣和筒裙，小腿裹绑腿，喜用黑布缠出类似尖顶帽状的高包头，包头顶端还垂挂四五个五彩小绣球，颇具特色。每逢外出赶集、做客或喜庆节日，妇女们都要精心打扮一番。她们取出珍藏的各种首饰，戴上大耳环、泡花手镯，挂上银项圈，在胸前的纽扣上和腰间系挂上一条条长长的银链。此时的阿昌族妇女，全身银光闪闪，风情万种。梁河地区阿昌族女性服饰，款式奇特，图纹别致，色彩斑斓，并且围绕着服饰的来龙去脉，传说很多，独具审美价值，是研究阿昌族民族文化的百科全书之一。其服饰具体包括了头饰（屋摆）、衣饰（则默）、裙饰（“毡群”）、花带子（“独期萨莱”）、筒裙（姆支，分素围腰和白夸姆支）、绞脚（科脱）、绡迈（摆咱）等。一般均以狗牙花和蚂蚱花做装饰。

阿昌少女服饰　（作者提供）

阿昌族的美具体表现在多姿多彩的民族服饰里。服饰里藏着整个民族的秘密。每当节日的时候，阿昌族男女老少便会装扮一新，穿上节日盛装，鲜艳的民族服饰像多彩的云霞，构筑成一道醉人的风景。

阿昌族有一句俗语：小伙子看打铁，姑娘看纺织。阿昌族妇女以擅长织锦布而著称，不会织锦布的姑娘连嫁都嫁不出去。织锦布为手工操作，阿昌族姑娘凭着灵巧的双手，用七彩丝线编织出各种花纹和富有民族特色的图案。织锦布主要用于筒裙和腰带。

阿昌服饰，堪称穿在身上的一部“书”。

古代阿昌人是怎样的一种穿戴？景泰《云南图经志》卷六载：阿昌先民“男子顶戴竹兜鍪，以毛、熊皮缘之上，以猪牙雉尾为项饰，衣无领袖。妇女以五彩帛裹其发为饰”。康熙《云南通志卷》二十七载：阿昌“妇女以红藤为腰饰，采野葛为衣”。又卷一百五十八载：“妇女耕缠绵于腰。”卷一百八十六又记载：“峨昌妇女裹头长衣，无襦胫，系花褶而跣足。”“阿昌妇服掸式，惟头巾较低，裙较短，令人一见而知系阿昌而非掸”。闵为人在《片马要记》中写道：“峨昌人，又名阿昌，男皆剃发不冠、裤不掩膝、披麻布访道衣、惟少两袖、腰系铜铃、行住坐卧、只听铃声，行时珠环与铃声铮铮响焉”。男子上身黑色对襟短衣，无领，

阿昌服饰 （作者提供）

下穿黑色大裆裤，头戴无花青布包头，出门时腰配长刀、弓弩不离身。阿昌族在不同的地理环境中，因不同的生产力水平和历史原因，形成了本民族独具特色的风俗习惯。这一习惯，体现在绚丽多彩的民族服饰上，特别是阿昌族妇女的服饰，更组成了一幅民族文化的风景线。

2. 柔情“钢盔”高包头

头饰、衣饰、裙饰、配饰古朴端庄，阿昌族的服饰独具一格、多姿多彩、五颜六色，正好代表了阿昌族复杂的文化背景和深远的历史。柔情“钢盔”高包头，属于阿昌妇女头饰，阿昌语叫“屋摆”，当地俗称包头。因为它高，又叫高包头。布长为8.3米，裹在头上一般达52～54圈。阿昌族的高包头造型，高昂、雄伟，形如箭翎，足有一尺五高，将其展开则长达一丈多，真可谓“顶天立地”。在我国具有包戴头饰习俗的众多少数民族中，其高度可谓名列榜首。被赞誉为柔情“钢盔”。

阿昌妇女服饰　（作者提供）

阿昌族妇女习惯在包头上插戳头花棍，佩大圆银耳环。此种头饰，质地坚实，做工精细，造型独特，禁忌也多。包头，是阿昌族已婚妇女的显著标志，一经包上“包头”，便即使离了婚也不能打散改装。因而，“圆成”决定着阿昌女子命运的转折。包上高包头便向世人宣告，

此女子已经结束了天真烂漫的姑娘时代，从此成家立业，过婚后家庭生活，承担起各种家庭义务。

阿昌族妇女为何有这么高的包头有一个动人的传说。远古时，没有天也没有地，世界一片混沌始祖遮帕麻与遮米麻开天辟地，又共同创造了人类，可世间出现了一个恶魔腊訇，也造了假太阳乱世，遮帕麻几经斗法斗梦战胜了腊訇，便以一张巨大的弓和一支巨大的箭，射落了假太阳，人类重新获得了新生。阿昌族妇女的高包头标志着射落假太阳的那把神箭的箭头。民间还有一种传说，在遥远的过去，阿昌人的家园受到外敌入侵。阿昌人与外敌血战，代价惨重，狂敌仍蜂拥而来，男子弹尽粮绝，女子送箭后援受阻。一位聪慧的妇女想出一个绝妙和主意，让前方男子都用布包成一尺五寸包头，后方妇女便向“包头”射箭支援。为此，男人既从包头获得声援，又以它伪装迷惑敌方，敌方将箭误射向包头。包头挽救了阿昌族人的性命，为战争胜利立下了卓越功勋。为纪念阵亡的亲人和那位妇人的智慧，阿昌族妇女一经结婚，头上便包起一支巍巍的“箭翎”。根据前述两则传说，阿昌族妇女的包头均源于战争，与战争有关。

阿昌服饰　（作者提供）

3. 缣花衣

早期的阿昌族妇女，婚礼时和谢世时都穿一件多种色彩布料剪裁拼缝的“缣花衣”。此衣古朴、厚实、宽大，做工繁琐，用料考究，做工精细漂亮，用织就的蓝土布和花纹裁缝而成，常常是几人合作完成，每一片花纹都是精美的刺绣品，构成整件上衣从前胸到衣脚都是刺绣花纹拼贴而成，具有较高的观赏价值。但此衣实用价值不大，一生中仅能穿两次。此衣只用于新娘拜堂时穿。老妪去世时也要把它穿在身上。

这种风俗，既表示人生的有始有终，还含有古时“采野葛为衣”的观念。只有穿上它，才能到阴曹地府与古时穿各色葛、皮连缀成服的先辈亡灵见面。因而，现今除个别村寨年逾古稀的老妪仍保留待用外，很难找到，已濒临失传。

4. “独期萨莱”

阿昌族被称为红腰带的“独期萨莱”，用七彩丝线编织抠出58种神秘符号的花带子，散发出古老的文化气息，犹如一部传世的“女书”。“独期萨莱”是阿昌衣饰最为杰出的代表，堪称民族织锦中的经典。两端有散穗，分单心花带和双心花带子。散穗掉着的花球，名为蚂蚱花，实为疙瘩花，是以前用来苫房子的上好山草。每棵草有许多节，每个节上长着一个黄色的疙瘩花，类似蚂蚱状，是用汉语取其形状的叫法，阿昌族叫“瓜董切”。“花带子”，又称红腰带，是阿昌族妇女必不可少的含有神秘意味的陪嫁物

阿昌女人的红腰带　（作者提供）

之一。它有别于毡裙上的花带子，一反阿昌族女性服饰尚黑之习俗，点缀于腰间，既古朴，又大方美丽，它是民族符号和特殊记录，承载着深深的历史文化信息。千百年来在阿昌族妇女中传承，精工细作，其造型布局，纹路色泽，均属服饰工艺之上品。花带还在两端饰有“要须”，即璎珞，并在其间结花坠珠，艳丽夺目。可惜这一服饰精品系于筒裙与毡裙之间，除新婚女子婚礼时佩饰，重大节日庆典偶尔也有人佩饰外，平素妇女都舍不得佩饰，足见其珍贵程度。阿昌族妇女要织成这么一条红腰带，一般耗时近 1 月。腰带上既倾注了她们的寄托和希望，也展现了她们独具匠心的工艺技巧。有的腰带上的图案，在同一位置，正面是一种花纹，背面又是一种花纹，而且是在原始织布机上用手工完成，无不令人惊叹，堪称一绝。阿昌族女性花带子，选色用料别致，造型图案独特，加之宽窄适中，做工考究，极有民族特色，红腰带不仅记录了阿昌族的原始崇拜，藏匿着阿昌厚重的文化密码。红腰带 36 种动植物和工具图案，在阿昌族原始崇拜观念中，每一种都具有神灵，都与人的吉凶祸福有着直接的关系，因此每一种图案都寄寓着人们的祈求和愿望。比如，长刀象征开辟新生活，瓜子象征子孙兴旺，多子多福，谷穗象征五谷丰登等等。同时，红腰带还是阿昌族祖先崇拜的产物和规范妇女道德行为的“女书”。祖先崇拜在阿昌族的宗教信仰中占据着重要的位置，并在社会生活和思想意识中起着重要的作用。人们对祖先神灵十分崇敬，全家全宗族以及全寨都要定期祭奠祖先灵魂，传颂祖先功德，祈求祖先保佑，红腰带便是阿昌族祖先崇拜的重要象征物之一。1990 年阿昌族织锦布“独期萨莱”参加上海首届中国民间艺术工艺博览会，深受好评，被认为是我国少数民族极有开发价值的工艺品。

阿昌族的筒裙图案奇特，满花筒裙都抠织着花纹，半花筒裙腰下段抠织花纹。这些花纹被称为节子花、细脚花、狗牙花、香炉花、犁翁花等。节子花又分五筒节子花和七筒节子花。色线为大红、桃红、鹦鹉绿、大黄、小鹅黄、翠蓝、白色等。花纹成棱形，称为节子花。节子花又分羊叉花、细炯花、阿波花、大峰花、剪子花等。阿昌族的满花筒裙图案清晰，色彩鲜艳，花纹抠织得错落有致，是妇女裙饰中尤其特别的织锦。阿昌族筒裙长至踝关节，裙脚上镶有3～5道花纹，意为水沟，代表着祖先的农耕生活。

5. 染色技艺

阿昌族的染色非常讲究，既是艺术的杰作，又是民族文化的具体体现。阿昌族叫“缸潮”，有大缸小缸之分。这里的缸不是缸瓮，而是指颜料。大缸指汉族的染色，小缸指本民族的染色。阿昌族的小缸，主要是将纺织品染成蓝色或黑色。主体颜料“大靛”是一种草本植物，采其茎和叶在瓮里用水浸泡20天左右，使其汁溶于水，再用纱布过滤。清一点的做“缸”水，沉淀部分为靛精。把靛精放在瓮里，放一点“缸”酿子和一个橙子（香橼），酢养9天左右。待观察到“缸”水微泛黄色，说明“缸”水已“活”，像“漆”一样，即可染色。染的对象为纱棉或白布。深者则成黑色，淡者为蓝色。一般染3～5次才能成色。为使染好的线或布不褪色，用小黑果（一种草本植物的果子）水浸泡，然后把线和布在稀泥里混埋3个小时，拿出来洗漂后稍晒，再埋下，反复三次即可。把染好的线洗净后与煮烂的粟子（小米）放在盆里，用手搓、揉、抖，晒干后，就可在打线的“车子”纺车（阿昌族语叫“拱”）上，绕成筒线。再把线拉成“压赶”（阿昌语布的雏形）即可织布、织筒裙、包头等。彩染则使用购买来的“洋药”（颜料），有白色、鹦鹉绿、大鹅黄、桃红、小黄、石榴红、翠蓝、祁花色等。在使用以上颜料时，少不了大“哄”。“大哄”是苏木敲打成粉末，在土罐煮沸而成。在醋或酒里放入以上颜料，可把蚕丝搓成的线染成彩色，用于织筒裙、花带子抠花。染色过程富有神秘色彩。因为大量的

白线是男方家送来的聘礼，如果制作的“缸”色“活”得好，认为就是吉祥之兆，预示着姑娘嫁到男方家后会有幸福日子。

第四节　没有消失的性爱密码

两性是生命之源，人类社会的开始，而婚姻与爱情是构成人类社会的基石。阿昌族也和其他民族一样，需要传宗接代，需要两性关系来延续生命。

阿昌族青年将谈恋爱叫作“串姑娘”。泼水节这天，阿昌族青年男女来到摆场上，用泉水相互对泼，并尽情欢歌。太阳落山，摆场上的青年开始回家，要是小伙子看上哪位姑娘，他就会走到姑娘身边，要求晚上去她家串门。如果姑娘看上了他，同意他来的话，小伙子就会邀上几个同伴跟着姑娘来到她的寨中。一边走，一边对歌，互问互答。姑娘在这过程中要记住当天晚上到村寨的一共有几个小伙子。到了姑娘的村寨，小伙子们先不忙着去姑娘家，而是先到亲戚朋友家小歇，准备晚上闹个够。那个被小伙子看上的姑娘，将客人领进村寨之后，就要去找姑娘，如果有十个小伙子，她就要找九个姑娘来陪客。找好姑娘之后，姑娘们就分头去找鸡，每人一只，找齐后交给那个姑娘去请村寨中最好的厨师，大家一起杀鸡做菜。这顿全鸡宴做好之后，做主人的姑娘就要到村寨中去喊：“远方的客人，我家的饭菜已经准备好，请你们快点来！”姑娘喊了一圈之后，不管有没有人答应，就直接回家了。一直竖着耳朵等姑娘喊的小伙子们，听见喊声后立即来到姑娘家。姑娘家的桌上酒菜已全部放好，每人两个碗，一碗米酒，另一只碗里放着鸡头。小伙子一般要先数一数鸡头，如果对就入座，不对就不入席。宴席开始后，小伙子们开始偷偷将鸡头藏起来，说姑娘的鸡没有杀够。姑娘就要找鸡头，如果找出来了，罚偷鸡头的喝一杯酒。如果找不到，小伙子自己将鸡头拿出来，罚姑娘喝一杯酒。小伙子们是来串姑娘的，不是骗吃的，所以在吃饭过程中大家会偷偷将钱凑齐，交给带他们来的那个小伙子，悄悄藏在一个地方，让姑娘们去找。酒足饭饱，大家开始对歌。因为人数是配好的，所以每人都有一个对象，自由组合。如果对歌对出情意来，两人就离开大家，到外面去悄悄地谈。当然，不是所有的对歌都能有情人终成眷属，就像其他形式的恋爱一样，得经过一次次对歌、一次次的了解，使阿昌族青年男女们找到爱的共同话题。

如果是初次拜访，姑娘的嫂子或母亲还会热情开门相迎，请小伙子到屋里火塘边坐下，家人纷纷回避。于是小伙子和姑娘就在火塘边含情脉脉相对而坐，或窃窃私语、或情话缠绵，待到雄鸡报晓，才依依不舍地分手。也有用葫芦箫引来美丽的姑娘结为秦晋之好的。阿昌族同姓忌婚配和谈恋爱。有招婿入门习俗，上门男子须改名改姓随女方姓。

其实，阿昌女人自己知道，心的方向指向属于你的地方，有爱的时候学会珍惜，珍惜每个人还在的岁月。让青春点燃异性，别等到老去，逝去的时候才去追忆曾经。

阿昌族青年男女的恋爱充满自由，父母很少包办，在阿昌族生活的广大地区，无论你走到哪里，都能感受“串姑娘”的乐趣。这是男女春天里婚誓的秘密约会。

求偶是一种本能，男人是蛾，女人是蝉。男人是太阳，女人就是月亮。当春天临近，当听到布谷鸟的第一声啼叫之后，按照传统习俗，阿昌族青年男女便走亲访友，寻找异性，春天成为寻找对象的最佳时令。白天，远方的亲戚来了，青年男女会邀约着到田间地头作农活，将劳作的过程作为感情投资和最有效的交流过程。通过接触了解，两性间爱恋的序幕悄然开始，为晚上的约会埋下了种子。年轻人盼望的

就是自己能在春天里碰到心上人，尤其是美丽甜蜜的爱情。这是一生的美丽和等候，为此这个季节落英缤纷，桃李芬芳，山温水暖，春暖花开，大地给予了回应，一切都如在梦中。

新郎迎亲时遇到的拦门难题　（作者提供）

“串姑娘”时，阿昌族姑娘情感细腻，一般都很主动。只要爱上自己喜欢的男人，她们便会用甜蜜的笑容来回眸暗示，愿意你拉住她的手，甚至拥抱亲吻，将你的手轻轻搭在她柔软丰满的胸脯上。让恋人得到慰藉，以爱的甘露滋润着两人的生命之树，从此立下海誓山盟，甘心为你含辛茹苦，相濡以沫，白头偕老，愿和你休戚与共，生死不渝，以似水柔情纾解恋人的千般苦难、蹉跎岁月及漫漫人生路，直到寿登期颐和得享古稀上寿。等恋爱到一定程度后，才娶亲论嫁，成婚成家。聪明的女人都将自己的贞操留到美丽幸福的新婚之夜。阿昌族同姓忌婚配。未婚前，一律不得有性行为。发现女子未婚先孕将被父母赶出家门。

阿昌族还有一种风俗领婚（偷姑娘），阿昌语叫“扎尼拐”，扎尼，阿昌语“姑娘”之意，“拐”，阿昌语，有领或暗示之意。阿昌族的领婚有别于其他民族的“抢婚”习惯。扎尼拐的彩礼很重，一般得到父

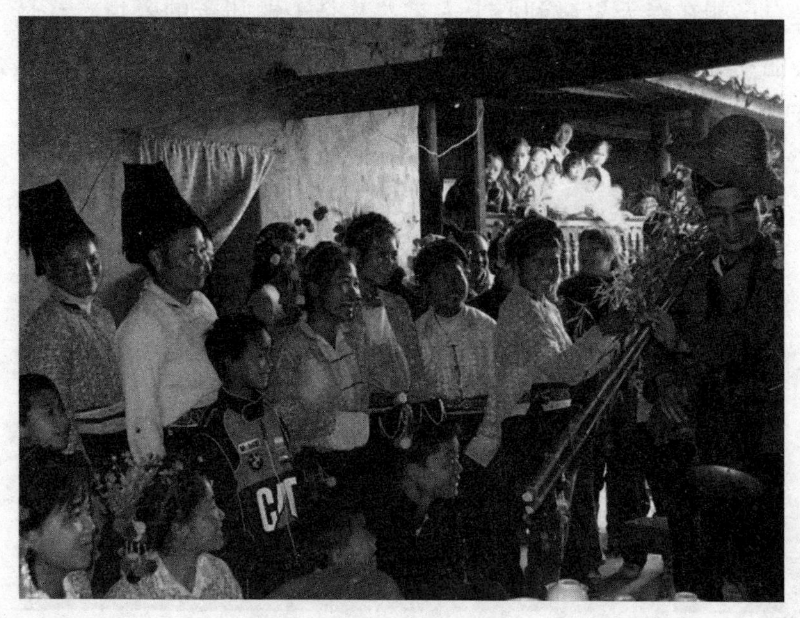

新郎与花筷子　（作者提供）

母的允许才方可拐婚。前提是男女双方愿意，体现的是“优化组合”和“恋爱自由”。无论是已订婚的还是没订婚的都可拐。

第五节　情颂声香映彩霞

阿昌情歌是来自天籁的和声。阿昌族唱情歌叫“山歌咳”，是面对面唱的歌，它有别于一般的山歌。阿昌族唱情歌不是在山里唱，而是在家里的厢房或厨房里唱，燃起火塘，正儿八经地唱，是地地道道的“火塘歌会”。唱得麻雀闭上眼睛，唱得日错月落，唱得火星子乱飞。真可谓是独兴一风，独行一俗。

唱山歌，一般来说，是阿昌族未婚青年男女之间的娱乐、嬉戏之事；是阿昌族未婚青年男女谈情说爱，交流感情的方式；是相互间建立爱情关系，增加婚恋基础的途径。但是，在红白喜事上，已婚男女相聚一堂时，

也有唱的，但唱的内容主要是拉拉家常，叙叙旧情，相互问候以娱乐散心。

阿昌族谈情说爱极为文明，唱山歌也讲究文明。按照风俗，同姓之间不唱山歌，亲表兄妹之间也要有所回避。阿昌族情歌分古老情歌、新情歌两种。在家里唱山歌时，主人家的子女一般也不参加，因为是谈情说爱的内容，怕家里的父母老幼听到不好。

阿昌族山歌中，情歌的数量最丰富，也最富于生活情趣，是青年男女结交情意、缔结姻缘的重要桥梁。山歌是阿昌人心灵中的森林、树叶，是泥土，是山花春草。阿昌人的山歌全发自心声，放牧于野外，是真正出自心灵深处的歌子。

阿昌族的这种“火塘歌会”，是千百年来流传下来的智慧和结晶，是少数民族情歌中最具魅力的一种。通过唱山歌，流露自己最真挚的情感，表达最为纯真的爱情。按照阿昌族的习惯，凡是别寨的姑娘或小伙子来到自家寨子，全寨子的小伙子或姑娘都要相约去唱山歌。阿昌族讲的是重情重义。阿昌山歌一般有稍干，即领唱的人，其他所有人员都要伴唱，这种风俗与广西壮族极为相似，被我国著名作曲家刘晓耕先生誉为“来自天籁的和声”。

阿昌族的“火塘情歌”最具魅力，气氛热烈，民族风俗浓郁。按照阿昌族的习惯，凡是别寨的姑娘或小伙子来到自家寨子，全寨子的小伙子或姑娘都要相约去唱山歌。唱山歌分为“候承”、“邀约”、“夸口”、“结交”、“会面”、“辞别”、“送路”等几个程序，而且要按秩序进行。

候承，意为问候，是对歌的开头。如“顺风得听贤良来，郎（妹）家约动朋群来候承。”“郎（妹）我下来不起对不住，玩笑路上散苦心”等。

邀约，意为邀约对方唱。如“郎（妹）家既然来在花树下，手扒叶子望花开。”“郎（妹）我粗碗想卖细碗价，粗腔想约细知音”等。

邀约结束后，即唱夸口山歌。夸口的内容很多，主要是夸对方居住的地方好；夸对方的人品好，如“不擦白粉观音样，擦了白粉赛观音。”等。

男女双方唱结交山歌，便正式进入谈情说爱阶段。如：“郎（妹）我肩挑空桶奔干沟，不知沟头可有放水人。”“郎（妹）我蜜蜂采花万里来，不得采花心不丢。”

会面山歌，即主方邀请客方来会面，如：“隔山打鸟遮拦大，隔山流言不散心。”被约的一方唱：“心中想着会满堂，（可是）空手难见满堂人。”约的一方唱：“（我家）不图黄金散白路，见面如此也准得。”

见面山歌唱到一定程度，被约方要来会面约方，见面时客方要向主方敬烟，须用烟盒敬，且烟盒内要装满烟，否则会被视为小气、不礼貌。敬烟时不论大小，爱互称表兄表姐。双方讲些客气话，如：敬的一方要称“表兄”或“表姐”，“请抽一支毛草烟”。受敬的一方要说“不消了”，“怎么下得去”。如果双方讲得拢时，还可以讲些友情话，为进一步加深了解打基础。如果双方有意，敬烟的人会把烟盒放下给受敬人，以示友爱。接受烟盒的人要准备礼物还，如果是男方，要用银首饰相送，如果是女方，可用自己精心缝制的披巾（绡迈）还礼。互赠礼品往往会成为爱情和婚姻的基础。然后双方开始唱恋爱山歌：“妹你不嫌苦山地，对门对户对成亲。要得搭妹双双配，不枉人生一世春。石榴开花结子稠，鱼水合欢不分离。”

敬烟结束后，主方要唱辞别山歌，如：“今晚流言白话讲不够，明晚黄昏卯时又相逢。”“掣个合闪先辞别，打个炸雷又相合”等。客人回家时，主方以送路山歌相送，阿昌语称“拔跑”。边唱边送：“有心送路三十里，无心送路家门前。”“长江不舍弯弯滩，小哥不舍有情人。”还有在山上唱的山歌，一般是边劳动边唱。如：“弯腰活路辛苦大，唱支山歌散散心。”“黄天日辣人难当，叫声白云遮太阳”“小小凉

风吹得好，不知小小凉风在哪方”等。这类山歌一般不对唱，只是自唱自乐。在山上遇到过往的客人，也有吼上几句的。如果对方接唱将会掀起一阵高潮，有时可会唱上数个小时。

凡出门，阿昌男女都喜欢随身带一个烟盒，以备唱山歌时传烟。阿昌族唱山歌的习俗，至少已有数百年历史，唱的调子随着历史的前进，已几经变换。据说古时是用窝罗调唱，在家里院子中央烧一塘火，双方围着火塘边唱边跳。歌词内容多以玩笑为主。如：“今天日子好，小小凉风吹进了门，别方的贤良来到我家山前地，新绿绿地穿着，亮锃锃地戴着，笑眯眯地来着。我家寨头跑了三转，寨脚跑了三转，约动朋群候你玩。候你几个人变做一个人，几颗心合作一颗心。不知你心里喜欢不喜欢，不知你心里高兴不高兴？若是你心里喜欢，若是你心里高兴，就一个一句地讲，一个一句地唱，唱个情深意又长。玩笑本是古老先人所兴下，不是我家人狂地方兴。”

阿昌族赶马山歌《赶马调》也是最有名的：

“赶马小哥笑哈哈，久走夷方玩笑多。
花言巧语百灵鸟，唱唱笑笑好上坡。
嫁人要嫁赶马哥，甜言蜜语马背驮。
妹你有眼看得见，又得骑马又洒乐。
赶马小哥种菜园，天天忙得手不闲。
手起老茧脚起泡，身无半文刮痧钱。
赶马小哥苦又苦，驮着白米无晌午。
冷风吹得呼呼叫，挂破裤裆无人补。
赶马兄弟歌真多，填成深洼垒成坡。
若是灵雀开口叫，闹得龙腾虎离窝。
有歌不唱白白多，铜锣不打起蜂窝，

歌闷肚里要发霉，毛病缠身咋个过。
大路平来小路窝，瞧见妹家上偏坡。
甩个山歌惊动你，看你瞧我不瞧我。”

阿昌情歌是情感的真诚流露。阿昌族的婚姻，大多是山歌唱来的。

新郎新娘跪拜长辈　（作者提供）

从一会讲话开始，阿昌人就会说“尼格”，尼格是美人、爱人的意思。这是一种智慧和暗示。创作的冲动，让我萌发了了解本民族历史的强烈愿望。阿昌族的英雄叫“珠翁”，而阿昌话“尼格珠”意为爱人的意思。阿昌人真伟大，古人就知道“爱人”一词，可见阿昌族是懂情懂义的民族。只有相爱的人才能走在一起。如果不相爱的人能走在一起吗？阿昌族的回答是“能”。不相爱的人如何走在一起，那就在山歌里在梦中去实现。人就活在讲不完的白话流言里，不能做一家的阿昌女人，她们会做一个男人永远留恋的女人。“双手扒开两扇门，一股

凉风吹进来；野风吹得竹梢响，细风吹得裤脚转；这股凉风吹得好，又遇姊妹解焦愁；家在山前愁闷大，与妹苦山解焦愁；满堂姊妹候承郎，恩要宽来体要谅；郎一句来妹一句，一个一句好欢乐”。这歌里虽没有一个爱字，可是，歌可使阿昌男女永远年轻，歌伴她们走过幸福的一生。爱情不一定一辈子能得到，夫妻是前世就已注定的姻缘，但情能一辈子感受到。瞧，心与心的祝福与相守，穿越漫漫岁月，爱又算得了什么？

第三章

山魂水泊

第一节　魂系阿露窝罗牌坊

魂系阿露窝罗牌坊，蹬起窝罗舞，无数的寻找成了一种难得的眺望。每年的相聚竟是一种伤感的别离，等待竟是一种幸福的向往。牌坊下阿昌族开始“竹鸡下树拍翅鸣”：呣，窝罗，三只竹鸡闹得一箐子，三只喜鹊叫得满树枝。三个阿昌唱得满山寨，只因阿昌过上了好日子!

在阿昌族集居的地区，最醒目的就是青龙白象点缀下的神秘“阿露窝罗”牌坊，牌坊一般立于寨子宽阔地带和村子中央。“阿露窝罗”牌坊高约1米，方4米，中央矗立着两

块牌坊，两牌坊的顶端中央高高耸立着一把巨大的木刻满弦弓箭，称为神箭，标志着人类始祖遮帕麻用此神箭射落了魔王腊訇所造的假太阳，恢复了大地的秩序和万物的生机。左牌坊顶部描绘着光芒四射的太阳，右牌坊顶部绘有蓝天皎月，下面紧接着是太阳、月亮图，太阳神和月亮神是阿昌族的希望之神。之下左牌坊绘有一幅阿昌族男子的彩图，右牌坊画有一幅阿昌族女子的彩图，分别代表着人类始祖及天公地母遮帕麻和遮米麻。左、右牌坊和太阳、月亮图下面都绘制着阿昌妇女服饰的各种彩色图案，意示遮米麻给阿昌人民纺织的龙衣凤裙。这些花纹图案充分显示了阿昌族文化与汉族文化的历史关联。魂系阿露窝罗牌坊，蹬起的窝罗舞像风在流淌、风在摆动。

阿露窝罗牌坊，阿昌族的根！

每年，在阿露窝罗牌坊及遮帕麻与遮米麻的神像前，可与天公神母对话的曹明宽老人都以“活袍”的身份颂唱着，带有一种更为古老的气息。然后，无数的阿昌族人祭天、敬神、祈祷、图腾。舞尽山野的神韵，跳落日月星辰。蹬起窝罗舞，抒尽欢乐颂。

盛世政兴人和，青山笑迎八方宾朋。为喜悦，阿昌人民在明媚的春天里更加激情狂奔！

第二节　名刀诗剑阿昌情

雪亮的阿昌刀上
刻着月亮
天空的精灵
刻着星星
黑夜的眼睛

你捧给我
一腔火热的兄弟情
我摩挲着
凝聚在刀锋的爱与恨
阿昌族说：祖传是明代的工艺
远销青藏、美洲和日本
我要说呵
这是一双勤劳的巧手锻成
是世界向一个民族致敬
我双手接刀
抚摸又亲吻
“阿昌族，会打刀，
银光闪闪心血造”
一支激起的歌，
伴着我坚实的足迹前进
雪亮的阿昌刀上
耀着月亮
闪着星星
永远闪耀着我的思念呵
日魂月魄孕育的精灵

在德宏勐巴娜西珍奇园，安放着一把大刀，号称“天下第一刀”，为李德勇打造。此刀重 2.3 吨、长 6.06 米、宽 0.6 米，是他 2003 年作为贺礼，赠送给德宏州建州 50 年大庆的，此刀后被列为吉尼斯世界纪录。他还有一最得意的作品，是将曾经失传的“七彩刀”再次呈现在世人面前。“七彩刀”只见刀身上有若干道犹如行云流水般的花纹，

阿昌户撒刀

自然流畅、光彩夺人，变化万千。七彩刀通过手工锻造，将七种钢材经过反复熔铸、锻打、淬火等工艺及严格的技艺要求糅合在一起，没有任何裂缝，融合处留下一道道美丽的花纹，堪称刀中极品。此后，阿昌户撒刀天下美名扬，风靡全国，以“刀王”项老赛为主，频频出现在中央电视台各频道上让世人瞩目。古老的民间工艺再次展露勃勃生机。

阿昌族长刀锻制精纯，具有锋利、坚韧、耐用的特点。有的还在刀上刻制十二生肖图、镶制黄白铜及金银，有的还用白银包柄和刀鞘，所以它往往又是精美的艺术品。青壮年挂上它，可增添英姿威武之感。因此，无论景颇、傣、德昂、傈僳、阿昌、藏族乃至居住山区的汉族青年，都会购置一把阿昌族户撒刀，外出时随身佩戴。户撒刀品种繁多、功能多样，现已发展出生产工具、生活用具及装饰性工艺品三大类 120 多种。1979 年，国家民委主管民族特需品的部门委托陇川县户

撒乡生产藏刀，专门供应西藏、青海、甘肃、四川等省区，为户撒刀提供了一个非常广阔的市场发展空间，户撒刀供不应求，十分走俏。1983年，户撒生产的藏刀以做工精美、质量上乘被国家民委、轻工部评为“民族特需工艺品最优产品”。1987年又获“云南省第三届民族用品优秀产品”称号。

户撒阿昌族打刀有着极悠久的传统和历史。据史料记载，唐朝天宝战争（748～751年）后，大量汉族军人流落到阿昌先民中，向阿昌先民传授制铁技术，其先民在唐代就掌握了锻制和铸造铁器的要领，南诏剑就是先民锻打的。明洪武年间，沐英西征时曾留下一部分军队驻守户撒屯垦，他们将打制刀具的先进技术再次传给了阿昌同胞，户撒刀成了阿昌族人智慧的结晶。明代正统年间发生的“三征麓川”（1441～1449年）户撒阿昌首领赖氏、况氏曾随明军征讨，明军工匠把先进的锻制技术传授给阿昌先民。户撒阿昌族铁匠从原来生产简单

粗糙的民用器具，发展为开始生产有统一制式的兵器，如各种军刀、宝剑、长矛、箭镞等，并对战争中损坏的兵器进行修复，还大量制作骑兵所需要的马掌。兵器制作的高规格、高要求，使户撒阿昌人的锻制工艺大为提高。

明朝（1368～1645年），从腾冲、南甸至杉木笼入陇川再出缅甸的交通线被列为“官道”。户撒坝北接军事要塞杉木笼，南通缅甸，三面环山，易守难攻，成为冷兵器时代理想的“兵工厂”，为挥师远征的朝廷官军，发挥了不可替代的作用。于是，过去长期默默无闻的户撒，突然间成为云南军政要员拼命争夺的一块肥肉。双方互不相让，兵部裁决无效。更令人吃惊的是，即使皇帝降旨，也无济于事。由于特殊的地理环境，户撒在当时的重要性，不言自明。

万历十年（1582年），缅军大举入寇我境陇川，屠镇安，焚施甸，陷凤庆。次年，明王朝派游击将军刘廷、参将邓子龙挥师迎击，云南总兵、世袭黔国公沐昌祚随征。刘廷骁勇无比，善使刀，重百余斤，马上轮转如飞，号称“刘大刀”。刘廷一路势如破竹，进抵陇川。当他发现户撒阿昌人会制作兵器后，兴奋不已，立即把户撒划为筹措军需之地，实行屯田制，进行半军事化管理。万历十三年（1585年），战事平息，刘廷功升副总兵仍占户撒。

云南总兵沐昌祚在这次战争中也立下了不小的功劳，被加封为太子太保。沐昌祚的祖先沐英，是明朝开国元勋之一，又是朱元璋的养子，世袭镇守云南。当刘廷调离时，沐昌祚特地向刘廷赠送了一笔可观的“路费”，把户撒占为己有，成为私庄。沐昌祚派工匠对户撒锻制刀具的技术进行改良，让户撒专门为自己提供兵器。这就引起云南巡抚极大不满，于万历十六年四月、十七年二月两次上奏朝廷。兵部敕令沐昌祚将户撒归还地方，沐昌祚充耳不闻；明神宗也两次诏准将户撒归还陇川，沐昌祚依然我行我素，继续把户撒作为他的私庄占有，

于是户撒被称为“沐氏勋庄”。到清朝，吴三桂又把户撒划为私庄，其目的同样是为了占有户撒制作的兵器——阿昌刀。

云南总兵沐昌祚继续在户撒实行屯田制，把户撒（户撒坝北部）、腊撒（户撒坝南部）各划为一甲，这就是户撒民间过去常说的“沐二甲”，同时建房15间，专门管理兵器制作、储备和运输。今遗址犹存，户撒人称为“沐城”，旁边的小河称沐城河。只不过阿昌人没有记住沐昌祚的名字，但却牢牢记住了沐昌祚的先祖沐英。所以今天的户撒阿昌族总是把自己的打铁技术与沐英联系在一起。自户撒成为“沐氏勋庄”后，打铁业在户撒得到迅速普及。除制作兵器外，户撒刀源源不断地提供给境内的傣、景颇、傈僳、德昂等民族作为生产生活用具。在户撒刀传说的背后，关于刀的故事应运而生。生活在滇西高原上的阿昌族竟是一个爱刀的民族！民族的精神刻在刀上，将刀视为生命中不可缺少的一部分，刀成了阿昌族不朽的精神。爱刀的过程，成了这个民族不断进步发展的过程，刀成了一段不死的历史活着。阿昌人的梦想像刀一样闪着万道光辉，如诗如画的生活充满幸福、甜蜜和吉祥。崇拜月亮和太阳的阿昌族，那刀尖的月牙儿，代表着一个民族的图腾，时刻照亮在心上。

刀是流淌在阿昌生命里的血液，刀是阿昌人最信赖的朋友。

关于户撒刀的来历有一个美丽动人的传说，是一个与阿昌刀有关的凄婉的爱情故事。这个故事反映了阿昌刀为什么叫户撒刀。人们为了纪念兴过和软诺真挚的爱情，就把兴过住的坝子取名叫户撒（坝头），软诺在的那个坝子取名为腊撒（坝尾）；直到今天，人们总喜欢把这两个坝子连在一起，叫作户腊撒。阿昌族世世代代的铁匠们，为了纪念兴过这位勇敢年轻的能工巧匠，把打制的阿昌刀称为户撒刀。

在所有刀具家族中，户撒刀以其精湛的工艺著称。第一次世界大战期间，英军曾在殖民地缅甸招募克钦族（景颇族）入伍，组建过一

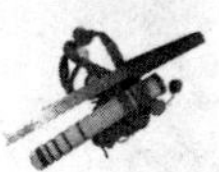

支景颇族军队（克钦营），这个营的每个战士配备一把式样特别的户撒长刀为战刀，叫作“戈勒卡”，先后到过印度、尼泊尔、锡兰、中东、北非和德国，与拿破仑军队、普鲁士人及奥匈联军作战时，这个营有两样东西最令人胆寒，一是锋利无比的户撒长刀，二是景颇士兵都嚼槟榔，满口鲜红，像喷血一样。该营作战勇猛，屡建奇功，有七人获得英国皇家十字勋章，户撒刀屡立战功，此刀均出自户撒阿昌族名师之手。1953年，阿昌族滕茂芳还亲自打了两把七彩刀送给毛主席，受到毛主席的高度称赞。1990年，户撒刀制作名师用自己独特的工艺锻造了象征民族腾飞的“九龙”指挥刀，成为作为中国人民解放军三军仪仗队的指挥刀，在北京天安门护卫着庄严的国旗，迎来祖国的每个晨曦，壮我军威国威！

阿昌族除打制刀具、铸剑外，还喜欢铸犁头。

每一把刀都是一件精美的工艺品。你即使不喜欢刀，但只要用眼光看那刀鞘上镌刻有“龙飞凤舞”、“猛虎长啸”、“东方日出”、“飞燕迎春”等风格多样的图案，那刀柄上精心镶嵌的装饰，你就会深深地爱上阿昌刀。因为，阿昌刀还有一个最大的功能是除了避邪、镇宅还可防身。

盛世出刀王，户撒坝的水好，适合制作宝刀长剑，户撒坝特殊的地理环境和阿昌人精良的制作工艺，淬火和“洞若观火”的能力，造就了制作刀剑的先决条件。

阿昌人的无数梦想全写在刀里。阿昌刀是阿昌人活着的一本经书，阿昌刀是阿昌人随时带在身上的一轮月亮，月亮刀魂就是阿昌人永远醒着的梦。“铁打链子拴一生，甜甜蜜蜜过一世，哥提刀剑往前走，妹背包袱在后跟”。阿昌人的爱情与刀分不开。“墙头跑马我不怕，刀上翻身我甘心。不送金圈银钮泡，送妹一把溜子刀”。阿昌族无数的民间故事，与刀有关，无数阿昌人的爱情以刀为媒，用刀传情。雪亮的阿

昌刀上，凝聚在刀锋的爱与恨，永远流淌着火样的热情。

阿昌刀其实就是一部阿昌族的心灵史。目前，户撒刀逐步做强做大，成为德宏的一张名片，并已发展出生产工具、生活用具及装饰性工艺品等三大类120多种，成为户撒阿昌人发财致富的金钥匙。如今，阿昌刀已走出了云南，不仅销往北京、西藏、青海、新疆、甘肃、内蒙古等地，香港、澳门甚至还远销出口东南亚、欧美等。2006年5月20日，该锻制技艺经国务院批准已列入第一批国家级非物质文化遗产名录。2007年6月5日，经国家文化部确定，项老赛为该文化遗产项目代表性传承人，并被列入第一批国家级非物质文化遗产项目226名代表性传承人名单里，他将阿昌刀文化不断推陈出新，发扬光大，显示出特有的人文魅力和地方特色。

第三节　多情的节日盛典

丰富多彩的民族节日，构成了独特的民族文化，生活在德宏边地的阿昌族节日多得像肚子里藏着的故事一下子数不完，这些多情的节日，将阿昌人的脸庞一次次照亮，又将山寨的日子一次次映红，丰富着阿昌族的梦里人生。

1. 阿露窝罗节

3月20日，是阿昌族法定的民族传统节日“阿露窝罗节”。节日主要纪念人类始祖天公地母遮帕麻和遮米麻重整天地、为民除害、造福人类，如今已发展到歌颂党、歌颂社会主义、歌颂阿昌人民的幸福生活。

节日这天，阿昌族人都要像阳雀一样从四面八方汇集在一起，相聚在充满神性的阿露窝罗牌坊下，蹬起窝罗舞，祭奠天公地母。

阿露窝罗节开始前，一般先由“活袍”在神牌前焚香念诵古老苍凉的祭词，并杀一只红公鸡祭天公地祖，气氛庄重肃穆。为将要出场的狮子挂了红，在象脚鼓的鸣响声中开打鸣炮，整个场顿时变成一片欢乐的海洋。前来朝贺的队伍边表演节目边出场，在庄严神圣的锣鼓声中进入庆贺的主题。

在遮帕麻与遮米麻的神像前，可与天公神母对话的曹明宽老人以“活袍”的身份颂唱着，带有一种更为古老的气息。盘古开天的窝罗调浑厚有力，在《来也要来也赛》和《撒胡赛·撒胡芒》的歌声中蹬起的窝罗舞，动作古朴而奔放，刚健有力，合拍板扎，灵动自然，一时是“双龙行路”、“金龙转身”，一时是“双凤朝阳”、“日头打伞”、“月亮戴帽”等。舞蹈像风在流淌，造天织地和天宽地窄的史诗彰显出阿昌族始祖高大的身影。这是阿昌族的战神和英雄翁玛，母语交织出的

生命情感，深深连接着阿昌人的梦里梦外。跳窝罗舞有固定的伴唱古歌歌词，即“则勒玛”和“则勒扎”。在“则勒玛”和“则勒扎”的伴唱声中，阿昌族男女老少都要穿上盛装，在“活袍”的带领下，用五谷、米酒，设祭台，在青龙、白象、弯弓射日的牌坊下，祭祀、祈祷祖先狂舞欢歌，抬着精心制作的大型青龙、白象，敲起象脚鼓、铓锣，汇集在预定的中心场所，尽情欢快地歌舞，通宵达旦，场面宏大壮观，气氛热闹非凡。

除蹬窝罗外，要白象是最富民族特色的活动。“会街”东边是耍花灯的队伍，五彩的宫灯、莲花灯、吊灯上下飞舞，令人眼花缭乱，目不暇接；西边敲着象脚鼓的阿昌青壮年大汉，可使人想到遥远的古代；北面是无数的人群簇拥着一头惹人喜爱的“白象”。“白象”用木料做架，用各色彩纸糊身，鼻子用布制成，用绳子通过滑轮牵引。“要白象”前，一人先藏进象的肚子里。当他用双手来回拉动带有滑轮的绳子时，就会使象鼻子上下左右甩动起来。会街开始，男女老少为我簇拥着“白象”走出村寨，小伙子们敲着象脚鼓，打着彩旗，放鞭炮在前开路，其他人拿着绿叶青枝随后，从四面八方来到会街会场阿露窝罗牌坊下。接着，青壮年男女伴着鼓声，

阿昌族跳窝罗舞

手拿树枝起舞，舞伴对数不限。打镲人始终和击象脚鼓者对着跳，舞者动作一跨一退一蹲，连续三次，第三次往下蹲时，击象脚鼓者外甩鼓身，鼓尾从打镲者脊背和头上扫过。然后，顺左脚甩回，鼓尾随击鼓者往前，弓腰半蹲，直到碰到地面。同时，打镲人也跟着跳跃下蹲，打响镲，空间分开镲向地面按去，在未接触地面时即刻前后分开，然后迅速跳起，互相转身侧目。当“耍白象”活动达到高潮时，手拿树枝的男子，翩翩起舞，发出一次次欢呼“哦会会!”围观人群也爆发出一阵阵欢笑声。在欢笑声中，“白象”的鼻子也甩得更高更勤。

四季绿水青山，一年又一年，在庄严神圣的阿露窝罗牌坊下，窝罗舞从不间断。轰轰烈烈地跳过来了。阿露窝罗牌坊，那是阿昌族的符号和精神象征，是阿昌族的生命和图腾，给人启示、力量和想象。

现如今，节日期间各民族及各级领导都来祝贺，各民族代表队表演节目，表演民族风格较突出的武术、爬杆、耍狮子、比刀大赛、使秋、对歌等活动。阿露窝罗节已经成了当地各族人民共同欢庆的节日。

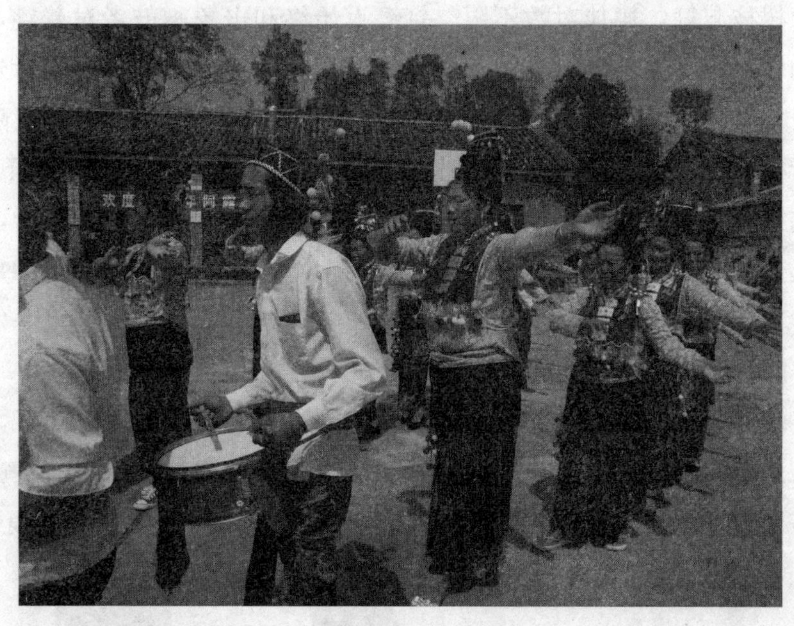

2. 玩春灯

俗话说：阿昌人家“一堂灯”。玩春灯是阿昌族春节期间的一道美丽景观。古老的习俗有着一种极为古朴的风味。一群身穿女装的男人，在黑夜里行走着。老者扮成中年妇女，戴着一尺高的高包头，年少者着一身姑娘装束，长长的发辫钗着银针，穿着绡角衣裳，清一色的粉衣筒裙，胭脂口红粉饰出女性特有的温柔。锣鼓开道，唢呐引路，高举用宣纸糊裱出来的兽头灯笼，穿行于山寨各家各户，脸在光影里时影时现。双狮朝贺到，祝五谷丰登六畜兴旺，一年平安大吉昌。庞大的队伍夜行着，灰暗的灯影伴着夜行者通宵达旦，从初一直闹到元宵。

由于是男子装扮成女子耍灯之景观，这一风俗像演剧，把山寨人家作为一个自由天然的剧场，使整个宁静祥和的阿昌山寨春夜笼罩上了一层暖和的神秘瑞气。阿昌春灯有灯神、灯根，春灯的内容极为丰富。舞双狮、贺“四句”、《使春牛》、杂要、唱《茶山调》、《鲁班调》、

《桃花调》、《大仙扫地》、《破花名》、《十二属伴破花名》、《访亲调》、《逢春调》12种。

玩灯时，要从河里请回灯神，贺过秋神、寨神、庙神、树神后方可玩灯：

双狮要得喜气生，先贺皇秋后贺人
秋神老爷当堂坐，送子送财到本村
盛世春光元宵节，神欢人乐幸福灯
宝寨诚心来了愿，各族团结一条心
自从今日贺秋后，兴旺发达美名扬

玩灯，阿昌语叫“蹬列”，意即“拿灯跳着玩”之意。“阿昌人家一堂灯”，说的也就是玩春灯。玩春灯的习俗已深深扎根于阿昌村寨，受到阿昌人的敬奉与喜爱。阿昌族人家一堂灯作为阿昌族活着的神，一种有身有形有眼睛的文化精灵，一代代地流传于阿昌族社会。和气、喜气在它面前会更加生辉；败气、邪气在它面前会有气无力。通过这堂灯，阿昌人晓得什么时候撒种栽秧，什么是知书达理、尊老爱幼、和睦友爱。玩灯不仅在村里玩，而且还到城里玩。要狮子是玩灯的重中之重。一般情况是狮子要完，人员分两组进行，牌灯、狮子、牛、虎到各户去演，其他一组原场继续演出。舞狮人要有蹿上一张甚至两张叠立的八仙桌的本领，如若失足，就会被小看而少得封银。戴面具的“笑和尚”，则夹拌在要狮场上，以滑稽逗乐的动作，博取观众的欢笑，以添欢乐的气氛。狮子要落说送灯四句道：“双狮滚滚下天堂，来到宝寨扫瘟黄。收瘟克毒归天盖，今晚送圣回天堂。了却心愿得清洁，六畜兴旺降吉祥。五谷丰登人安乐，四海升平富贵长。人寿年丰多吉利，文韬武略代代强。自从今晚送灯后，大富大贵大吉祥。”

阿昌族耍狮玩春灯，有诸多禁忌，如灯具有固定的放置处，耍灯人不能谈情说爱，出秽语，女性不能触摸灯具等。多少年来，玩春灯的习俗经阿昌民族不断提炼，融入了时代元素，越看越有味道。素有玩灯习俗的村子，更显得活跃，舞狮和贺四句成为德宏州盛大节日活动必不可少的节目，已纳入了民族文化建设的范围加以传承保护，甚至玩到了首都。山河一样的信念和理想，寄托在永不熄灭的春灯里，让人心潮起伏，激情膨胀；生命里的无数自豪和满足，都深深溶解在了盏盏旺盛的春灯里，渲染出一种醉人的爱意。春灯是开放在阿昌男女老少心里的一盏盏月亮花，鲜艳和丰富了阿昌人幸福的一生。

玩灯承载着精神宣教的主要功能，不仅是一种民族记忆和符号，历史的影子，而且成了阿昌的文化之根、精神家园，道尽了阿昌族整体素养和文化功力，不断充实和弘扬着和谐的民族精神。阿昌人家一堂灯，为阿昌人民绽放出新的时代特色和文化气息；阿昌人家一堂灯，那是阿昌人活着的一段历史。

3. 开财门

开财门是阿昌族特有的一种风俗。大年三十晚十二点一过，开财门的时候也到了。小孩们于是三个一群，五个一帮，光着一脚丫，邀约着挨家挨户开财门，找一些零用钱花。每到一家，便会齐声念道：

财门财门大大开，
金银财宝请进来。
招财童子两边站，
利市仙官送宝来。
说起就说起，
走到就提起。
摇钱树，聚宝盆，

早落黄金晚落银。
一进楼门二进天，
三进楼门瓦无千，
高房大楼出贵子，
出贵家是有钱人。
门前一棵松，
小牛、小马套起金笼统，
吃饭捧金碗，
吃酒拿银盅。
来到你家的槛脚，
你家的银子几骡驮，
来到你家的槛腰。
你家的银子几箩挑，
来到你家的槛头，
你家的银子堆满楼。

大年三十，人人都希望得到吉利和好口风，好客的阿昌人家都会事先准备好一些零花钱，糖果瓜品，起床迎客，然后将开财门的钱递上。开财门的童子这时又念：

一进堂前二进厢，
三进堂前瓦屋深，
高房大楼出贵子，
出贵子，养麒麟，
左边盖起读书房，
右边盖起串角楼，

头上盖起琉璃瓦，
地下镶起八宝砖。
这头到那头，
水出花园楼，
这边到那边，
说过黄火二神仙。

虽然钱不会很多，但一晚下来，一人还是分得到拾来块钱零用。收了喜钱走时，主户谢毕，开财门的童男童女便高高兴兴地对主人家说：

门神门神，
两眼睁睁。
金子一万银子一坑，
左开一扇牛头马站，
右开一扇牛头黄金马鹿银。
前门进金珠，
后门进玛瑙，
金珠玛瑙一起到，
财源茂盛方到老。
老的高官做，
小的得中举。

这种节奏感极强的说辞如同唱歌，主人家非常地喜欢。前面的一群刚走，紧接着又有一群不知从哪里冒出来开财门，说话像放鞭炮一样地把主人家唤醒了来。还刚关了的灯，听着一伙比一伙说得好听，

又起身开门迎接前来开财门的童子。于是刚关了的灯又亮了起来。

阿昌男人是最喜欢看太阳颜色的人。大年初一，开财门熬了一个通宵的孩子们还在梦乡里，阿昌男人就早早起床了，供了斋，向天地祈了福，向灶君水君烧了纸线，便等着太阳出来，用肉眼判断新年的太阳属什么颜色。从太阳的颜色，分析一年的运气，从太阳的颜色，判断一年要过的日子。太阳有红有白，红的年称打猎最好，白的年称下河捕鱼最顺。阿昌山的太阳，是阿昌男人养着的梦。这天女人是不兴早起的。

4. 待春客

阿昌族很注重亲情友情，讲求的是和气。春节期间，阿昌族都要以待春客的形式，对外出归家或刚远嫁的女人待春客，到娘家“拜年”，以团聚和谐的气氛，轮流坐庄请客吃饭，直到元宵节为止。说白点，待春客其实是阿昌家族春天的一次大聚会。

5. 说四句

阿昌族多白嘴才子，就是没有读过书的乡土才子，别看他们文化水平不高，可他们都是一群“漏网歌星”，一群乡土精英。最有代表性的，就是“说四句”。“说四句”也称“念吉利”，它是阿昌族一种风俗味极浓极重的诗歌形式的贺词、诗赋和祈祷颂词，多用于喜庆、热烈的场合，如讨亲嫁女“挂红”，建房树柱上梁，兴业庆典、开张揭匾，节庆欢会、玩春灯时都兴请乡土精英来“念吉利”和“说四句”。恭贺、祝赞，“四句”“吉利”具有深厚的群众基础与强大的生命力，起到了用道德、礼仪感化人的积极作用，体现了阿昌族人民热爱幸福生活，追求真、善、美的美好理想，习俗性强于艺术性。

6. 打秋千

我国许多民族都有荡秋千的习惯，但都大同小异，唯独阿昌族特有的“甩秋”与众不同。甩秋是用树做秋架，一共六棵高大树交叉成

八字脚形，交叉上端处平放一棵横档，再从横当上吊下 6 米多长的牛皮绳或篾绳，绳上不放踏板。

每年大年初一到十五，半个月的时间里，是阿昌族最盛行使秋千的季节。阿昌族打秋千也叫荡秋千。荡秋千是村村寨寨都开展的体育运动。每年正月初一，寨子里的青壮男子就自动邀约起来，到远离寨子的深山老林中去砍秋杆。秋杆要选质地坚韧、细长、标直的栗树或其他树木，每棵 3～4 丈长，留有梢尖的枝叶。搬运时将根部扛在肩上，梢尖拖在地上，所以叫“拖秋杆”。拖秋杆的场面颇为壮观，远望一路灰尘，近听一片欢笑。初二早上立秋千，每年立秋千，都有一户人家当“秋头”（或称秋首），一般由讨过新媳妇的人家轮流担任。秋千立好以后，秋头摆起祭献用品。村中长者将一个稻草人（秋神）系在秋绳上，草人面向寨子。在秋头烧香叩拜之时，长者就用力将秋绳上的草人推动，口中大声念起吉利话：“秋神老爷驶一驶，风调雨顺；秋神老爷使两驶，国泰民安；秋神老爷使三驶，五谷丰登。”当地把荡秋千为驶秋。祭祀仪式结束后，由秋头驶一会儿，然后大家才能轮番去驶。驶秋者两手紧握秋绳，一只脚蹬在秋绳上，另一只脚边荡边甩。这样，靠蹬和甩的力量，整个身子越荡越高，直至与横杆持平，又惊险又好看。女青年驶时，还会有

顽皮的小伙子趁势跳上秋绳，箍住她一块儿驶。当人们驶秋时，人站在秋绳上，两手各握一根秋绳，一蹲一立来回摆动，越摆越高。技艺高超者可以一脚离开秋绳，往后翘起，呈雄鹰展翅状。甩秋比赛以秋绳荡平或最高的程度以及所做的动作技巧难度来决定胜负。轮秋又称“风车秋”，是阿昌族驶秋的另一种方法。风车秋因形似风车旋转而得名。玩时，四人各坐一木板上，使滚轴转动，上下升降。于是，秋场上便荡起一片欢呼。

7. 火把节

阿昌族都过火把节，云龙漕涧阿昌族的火把节在农历六月二十五举行，以献五谷神、祈求五谷丰登为主要内容。梁河、户腊撒地区的阿昌族火把节在农历六月二十四举行。

在梁河，白天杀猪、鸡、鸭祭天公地母，祈求秧苗茁壮成长，稻谷丰收。晚上每家用竹篾扎成火把，由男人点燃，在屋内墙角、树下熏燎，意在驱走病虫害。家人用簸箕端着茶酒、汤饭到大门口，敲簸箕三下驱邪，然后将火把插在门边。第二天一早，家人都纷纷出门待火把燃后的灰烬，若灰烬的形状好，白而无杂色，就认为当年稻谷将获丰收。在云龙县漕涧乡，阿昌族群众晚饭后要举行骑马术和射箭比赛，优胜者被视为英雄，享有很高荣誉，流露出游牧民族尚武的遗风。

值得一提的是，火把节到来的时候，正是金凤花开的时候。五颜六色的金凤花，是献给火把节的最好祝福。每当火把节来临，阿昌族都要杀牛、舂粑粑，欢度这一关秧门后由繁忙到静心的关键时刻。这个时候，阿昌族家家户户都会以一种特殊的心情来过这个一年最中间的节日。不少阿昌人家这个时候除了吃好而外，有一件事是最神圣的，那就是采园子里开得最艳最好看的凤仙花，加一块李子树皮，还有辣椒叶，一点生石灰，捣碎敷在指甲盖用线捆上一夜，第二日打开，指甲便成了红指甲。第二日早上人们便赛谁的指甲好看，谁的最鲜艳。

这样的时刻是幸福的时刻，因为惊喜中有激动，喜悦中有欣慰。这小小的收获，就这样延续到现在，成为内心的秘密存在着。

阿昌族包红手有很深的文化内涵。传说孟获在对付诸葛孔明攻打时，将所有阿昌族男人都征去作战了，阿昌妇女都痛恨孟获，痛恨战争，一群寡妇为讨回自己死去的丈夫，便高举火把，捉住孟获用手指不断地抓、掐，结果将手指都掐红了，手指染满了鲜红的血。为了纪念这一特殊的祭日，以后阿昌妇女便以包红手的方式纪念死去的亲人。

8. 感恩节

七月半的时候，阿昌族为了祭奠祖先，都会进行接王和送王仪式，以一种特殊的方式，对祖先进行必要的敬献和祭祀。这一风俗，是一种对祖先的崇敬和拜谒。要知道，阿昌族的神灵是如此之多，除了安抚，祈求平安清洁，家宅平安，还有内心敬奉着秘而不宣的东西。它和清明节一样，既是祭奠，又是一个感恩节。这是一种至真至诚的悼念活动。每年的这个时候，就是管中窥豹的鬼神们最需要关照的时候。每天的饭前，主人家都要在正堂设一桌供祭祀的菜饭，对亡灵进行供奉。七天过后，还得送王，将神灵送到他原来居住的地方。在阿昌族人的传统观念中魂之路是一条永无止境的不归路，在生之人，谁也感受不到那一神圣领域，也许是真的存在，也许是人们的一种幻觉而已。但是，要解开这种谜团，只有通过神。这是活人对死者的一种妥协方式。

此外，阿昌族还过春节、端午节、泼水节、赕佛节、点灯节等。

第四节　奇特的婚礼习俗

结婚乃人生的一件大事，阿昌族的婚礼隆重、热烈、别开生面，很有民族风味，是阿昌族风情最浓墨重彩的部分。

阿昌族的婚礼，有过礼、娶亲、宴客、回门等程序，仪式繁缛，一般需要三天的时间，安排相当紧凑。

第一天，新郎要选一位精明、能干、年龄比自己小的同辈小伙子（当地称“陪郎”）陪同，带着彩礼前往女方家迎娶。

迎亲队伍到达女方家后，女方家举行隆重仪式接过彩礼。这些彩礼少不了大米10升或1斗6升（约48斤）、半只猪肉（约160斤）、酒两壳（约20斤）、熟鸡2只、茶两包（约2斤）、烟丝卷4～5条等。

新郎在两位说客及主事者的帮助下，经过必须完成的各种婚礼活动才得以将新娘娶回。新娘一方会设各种“难关”及障碍阻止迎娶的顺利完成，以活跃整个婚礼气氛。设立的难关，需要由主事者如“前后总理”巧舌化解，替新郎解围，陪郎相帮，顺利通过“过关”。交完“通行证”，“拦门礼”、“盘花拉根”，通过“筷子桥”、翻过用碗搭成的“花山”，再经过众人的泼水祝福，才能完成下一个节目。

“泼水关”是指女方的女伴们前后左右手端水盆、水瓢、水桶等各种能装水泼水的器物，上上下下，楼前楼后，向新郎泼水。据说，这水是给新郎洗尘的，可以冲去身上的晦气，使新郎吉祥如意，永不得病，也表示对新人的种种祝福。

再经过新娘家的“压堂”，这一天的节目算是完成。

第一天阻拦新郎入门，第二天却要阻拦新郎出门，新郎遇到的难题远比第一天的多。姑娘们先是叫新郎帮这帮那、挑水、洗碗，还在他脸上抹锅黑。摸黑代表亲人的祝福。抹得越黑，表示爱越深，感情越炽烈纯美。等所有客人离席后，新郎才能吃饭。

这席饭，对婚礼来讲是饶有情趣的。新郎被抹了黑脸，身上被批挂上了算盘、马铃铛等杂物，肩上扛着带有新竹叶、绿竹梢的特大荆竹筷，竹筷末梢上挂扎了许多鲜花、瓜果。此筷花花绿绿，既大又沉，恐怕是世界上最奇特的大花筷了。新郎身后是花花绿绿的一个大竹篾花篮，称作新郎的凳子。这是“扛花竹筷子”和“坐竹篮凳”。姑娘们摆设的丰盛酒席很特别，菜肴摆满了桌子，但都被碗扣盖着，即“有肉藏在饭碗底”。要吃饭菜，新郎要猜对菜肴名称，猜对则开；猜错，不但不开，还要罚新郎。好容易可以吃饭了，桌上的却尽是米线、凉粉、油炸花生米、豌豆串成的菜、内藏干辣椒的菜心等，这些菜用这么一双“扛花竹筷子”吃起来谈何容易。游戏玩尽玩绝，趣事闹够笑够，好话说够听够，新郎在饭桌上出尽洋相，姑娘们才换来可食的饭菜让新郎进餐。

这些过程与新娘无关，但新娘暗地里心疼着笨手笨脚的男人。新郎施完各种烦琐奇特的礼节后，最关键的一环就是迎亲队伍等着将新娘接回男方家了。

这天的事情算是最复杂的。新娘家重新在正堂设堂请家族家道长老及母舅叔伯压堂。舅舅坐在上首，按风俗要在宴席上送给新娘的一条带猪尾巴的后腿——一盘用猪脑拌制的凉菜，这叫外家肉，表示新娘要永远不忘娘家的养育之恩。一群老者有说有笑，边吃边喝酒，高兴极了。女方家将所有的陪嫁物品及亲友赠送的礼物，还有一两件农用工具做嫁妆。岳父母挂一道红布给新郎，担子内放一只吃剩的猪脚，叫“回脚”，只等新娘出门。

略显忧伤的阿妈，为快要出嫁的新娘梳最后一次头，她在姑娘头上扎着髻，为的是让“圆成婆”好为她包包头，为女儿插上那根挑了一春柴火换来的银子钗头棍，一头还拴着蚂蚱花，这是阿昌人们的好兆头呀，要不然，怎么像个新娘？寨子的姐妹们早把一件漂亮的缣花衣做好了，放在新娘的柜子里。阿妈把几代人用过的泡花手镯和红腰带“独期萨莱”一并准备好了，就等出嫁的新娘饰戴。

尽管外面喧哗声四起，姑娘还是不慌不忙地接过“圆成婆”倒来的一盆温水将毛巾在脸上擦了擦，然后放在脸上，这是娘家的最后一

次“开脸”呀。穿好嫁衣坐在妆台前，背上背一面镜子，一本日历，脚下踏着一把竹筛。

将要离开生养自己的爹娘了，新娘开始哭。哭嫁是每个当新娘的阿昌姑娘必过的一道关口，也是阿昌族的一种风俗。她们用“哭”告别自己的青春岁月，感谢父母的养育之恩，还要对兄弟姊妹进行嘱咐。她开始对伙伴及家园有些依依恋不舍，母亲及叔婶姑姨在她的感染下也哭，哭声如诉如泣。

娘家的“正客”早过，准备的酒席即将结束。象脚鼓、葫芦箫齐鸣、新郎骑马到了，那声震耳欲聋的礼炮，在虔诚地叩响着堂屋的门。一下、两下、三下，门终于重重地打开，站在新郎官旁边的伴郎伴娘拿过茶盘，向客人们撒去。“好了”的一声，调皮的新郎拢在新娘身边，在她的耳边轻轻说，走吧，路程还远，我会对你好的。就这样，轻轻的一句话，结成了一世的姻缘，就这样带给两人一生的喜怒哀乐，一个眼神就注定了两人一生幸福的忧伤，新娘牵着新郎的手，脸上泛起层层红晕，在他撑开的红雨伞下，缓缓地向前走去。

门槛外，张灯结彩，金鼓齐鸣，大红喜字、红对联，映着家堂的长明灯，气氛热闹非凡。赶热闹的人们还在伸手向新郎和接亲的小伙子要喜糖，打打闹闹，将山寨的春天衬得喜气洋洋。

后面，留下一路的鞭炮声，一路哭声一路情。这一幕婚礼，成了新娘永远的牵挂。

人们分明远远从新娘的身体里嗅到一种淡淡的花香。那是昨天晚上新娘母亲特意为新娘冲的山树芹花水，一大桶香草伴着水煮的花为出嫁姑娘洒浴，掠过新娘的耳鬓，流过她的秀体，流过亲情的眷念，深情地留进了新娘的心田，捎去亲人的祝福。

迎娶的队伍，肩挑背提，浩浩荡荡，爬过坡，上了坎，在山寨的春天里灿烂着。来到新郎家，气氛变得异常热闹。新娘进新郎家较顺利，听到鞭炮一响，接礼的、卸货的，扶新娘下马的早在大门口迎候着许久了，大家兴奋得闹作了一团。新娘在“圆成婆”的指使下，朝正房跪磕一个头，再和新郎绕三圈火塘，经过拜天地、拜父母、夫妻对拜叩首，便进了新房。

首先看到的是一盆炉火，炉火正煮着一锅香喷喷的鸡肉，为闹新房时准备的一种必备的食物。喜床上早已撒上许多花生、糖果、瓜子、豌豆子，寓意为“早生贵子”。这时，新娘需要完成的任务是将姑娘装改成新媳妇装，阿昌人家叫作“圆成”仪式。三个女人净了手，为新娘进行装扮。边装扮，边教新娘如何做人并做个好女人。“圆成”老妇开嫁妆柜时，看到新娘娘家用红纸、红线包捆好的毛巾、枕巾、花生、葵花子、水果糖及一二元钱小礼包（这是对代劳“圆成”的酬谢礼物），也不推辞，一一地受领。

在伴娘的护送下新娘进入洞房休息，年长的姑嫂们为新娘揭去了盖头布，等待她的是一声声的赞叹。吃过了消夜，献了家堂，便开始闹新房，同辈的弟兄伙子们都来闹新房、吃煮好的鸡汤饭。新郎不得参与，只好在外张罗。这一闹，新娘懂得了做女人的幸福和甜蜜。闹够了，笑够了，最后的时间才属于新郎新娘二人。

新婚之夜后，新娘的风韵十足。新娘起得很早，开始担水做饭，为远去的亲人敬酒送程。

这天是新郎家待“正客”的时间。这真正才算结婚的大喜之日。恰好是中午，宾客云集，酒席最丰盛。酒席开始，新娘在“圆成婆”的引导下到每张饭桌“敬茶”，实际是敬一种糖酒，以此来认识男方的亲戚、客人及家庭主要成员。被传茶者需向新娘说吉利话，恭祝新郎新娘新婚幸福，同时，在茶盘上放上礼物或“红包”，以表自己的一份心意。那些正亲正戚的礼都很重，让新娘感激不已。饭后，开始设堂，请家族家道及叔伯舅母压堂，新郎新娘拜天地、拜祖宗神灵，拜识堂

上压堂的各位长老，跪着听每位长老的嘱咐与祝贺，嘱咐者还送银手镯、布料、衣物及“红包”给新娘。主要亲戚还送“红”给新娘新郎“挂红”，挂红时念吉利辞赋。压堂之后，同辈兄弟们像在新娘家里姑娘们捉弄新郎一样捉弄新娘。给新娘抹黑脸，游戏“挑水”、“背柴”、“喊妈”、“背娃娃”、“翻箱”各种名目繁多的仪式，令人眼花缭乱，风趣诙谐，使整个婚礼充满了欢乐、充满了欢笑。

新婚三天后，还有“回门”风俗。新娘新郎要回女方娘家做“满月”，带去活鸡、满月粑粑、糖包等礼。活鸡回娘家祭祀祖灵用，粑粑及糖包则分发给吃“各道”的家道们一户一份。四五天后新婚夫妇再双双回到新郎家久居。“回门”是考验，看婚后小夫妻过得美满不美满，相爱不相爱。

青山不改，绿水长流。阿昌人家婚嫁风俗竟然如此地生生不息，在慢条斯理地承受着一次次现代的洗礼，在经过传统与现代的挑战之后，仍然款款地展露着自己原本的真实。是的，婚姻是人生的大事，婚礼是人们用以规范婚姻关系的重要手段。作为人生礼仪的一个重要部分，它构成了两性共同生活的社会关系，自古以来就是人类社会生活的重要内容，同时，它作为重大的民俗活动，包含了极其丰富的社会文化内涵。如今，阿昌族那媒妁之言、父母之命已不再是维系婚姻的根本。自然传统的婚姻已不再盛行，人们向往着另一种简约的经济的更是一种时尚的婚姻方式，来演绎自己人生的这一大事。奇特的婚礼习俗，这是对一个如诗如画民族的真诚表白。阿昌族婚姻一般很牢固，如解除婚约婚誓，须退回盟誓的相片及头发。

阿昌族婚礼，那是阿昌族风情最浓墨重彩的部分。

第五节 祭祀神曲

1. 宗教信仰

阿昌族特别敬畏生命，除信奉原始宗教崇拜外，还信奉佛教、小乘上座式佛教、道教等。这些宗教信仰，就是为生命服务的。

阿昌族相信人有魂灵，因此对人的生死看待得特别重。

2. 图腾崇拜

阿昌族除图腾崇拜还有犬崇拜、大石崇拜。

阿昌族万物有灵的自然崇拜，源于古老原始初民的图腾崇拜。在阿昌族先民最早最远古的图腾崇拜意识中，他们最先选择或对他们最具亲和力的图腾对象，就是那些在意识中至高无上、变幻万千庇护他们的万能之神，古老的动植物图腾或动植物崇拜。阿昌族的犬图腾，亦称犬崇拜，是一种原始的动物崇拜。阿昌族认为，一旦狗哭，主人将有不幸，有“狗搬家，淌眼泪”之说。阿昌族还有一谚语“猫来穷，狗来富，猪来披麻布”充分说明了狗的尊贵。在梁河弄别、杨叉田一带，早年有这种说法，过八月十五尝新节时，人们将蚯蚓作灯芯浸在香油里点燃，然后再抹点狗的眼泪来涂擦自己的眼睛，认为只要定神看着蚯蚓香油灯，就会朦朦胧胧地看见鬼。阿昌族的大石崇拜就是对石神的崇拜，是阿昌族的一种古老的原始信仰。大石崇拜也和犬崇拜一样，在阿昌族社会意识形态中随时代的变迁已逐渐淡化和消亡。现今陇川、梁河县地区的阿昌族还时兴拜大石头为亲爹的习俗。人们将大石头拜为“亲爹”，并为其卑躬屈膝、顶礼膜拜，这完全出于对大石的崇拜。古老点的寨子一般都设有“石犼”、“石狮”、“石柱”，意为寨神，这是原始崇拜的具体体现。阿昌族的吉祥物为青龙、白象。

2. 万物有灵观

阿昌族认为，人的生命都是上天赐给的，人的生老病死是自然的。

在阿昌族的原始宗教观念中，灵魂不死，生命体是由肉体和灵魂两部分组成的。有了这些崇拜，阿昌族便有了自己的祭师，有了无数丧葬习俗。

阿昌族认为万物皆有魂灵支配，而魂灵又同人类一样有性格，他们按自己的理解把鬼神分为善、恶两类。他们对鬼和神的称谓没有严格的区别，有时恶鬼也称为神。据初步统计，阿昌族信奉的神灵鬼魂主要有 30 多种。有了这些魂灵鬼怪，宗教祭祀就变得尤其重要。这种人神共居的特点显得尤其突出。

3. 经师“活袍”

阿昌族原始宗教祭司，被阿昌族语称为“活袍”，因阿昌族没有文字，故有的又称他们为“无字经师”、“口头经师”或“念经的老人”。有两种形式，一种师传，也称阳传，另一种是“阴传”，也称“真传”。可以说，“活袍”不仅是阿昌人民的心理医生，社会的珍疗师，更是精神领袖和文化的传播者，更是“文学艺术大师”。

4. 祭祀神曲

宗教是一种精神。阿昌族普遍信奉鬼魂崇拜和祖先崇拜，其宗教首领称为“活袍”，是大祭师，能够与神灵对话沟通的天神。因长期与汉族杂居，又普遍受道教思想的影响，阿昌每个家庭都供“家堂”，供奉灶君、天地君亲师和祖先神位。而户撒乡的阿昌族则受傣族文化影响较深，普遍信奉小乘佛教，明洪武年间，户撒是明军的屯兵要地，明军将道教、汉传佛教带入户撒阿昌族地区，建有道观“皇阁寺”和汉传佛教的“弥勒寺”。然而，户撒阿昌族除信奉小乘佛教、汉传佛教、道教外，依然保存着本民族所固有的鬼魂崇拜和祖先崇拜。

鬼魂崇拜和祖先崇拜盛兴于梁河、潞西阿昌族地区。在阿昌族的观念中，鬼魂在冥冥之中操纵着人们在生产、生活中的一切行动，并且是整个自然界的主宰。鬼魂既能作祟于人们又具有帮助人们的神秘

能力。因此，当人、畜生病或遭到某种自然灾害，就认为是触犯了神灵，必须举行宗教仪式，向神灵贡献牲禽或其他食物，以祈求鬼神的宽恕或庇护。

阿昌族的祖先崇拜，是鬼魂崇拜的发展。在阿昌族的观念中，认为人死后都有鬼魂，而祖先的鬼魂之所以不同于一般人死后的鬼魂，就在于祖先的鬼魂同自己有血统姻缘关系。因此，人们对祖先鬼魂保持十分亲切的态度，并认为祖先有三个鬼魂：一个在家，供在家堂上，每逢过年、农历七月初一、八月十五等节进行祭祀；一个在坟上，每年清明节祭扫；一个在城隍庙，七月初一，鬼王打开鬼门，让所有的鬼魂各自回家。阿昌族祭祀祖先鬼魂的“清明会”、“烧包会”，是在族长主持下同姓各家内进行的宗教活动。阿昌鬼神有：遮帕麻、遮米麻、桑姑尼、腊訇（阿昌语称“康”，俗名“棒头鬼”）、谷期、榜（财神）、活袍、巫袍、尸袍、阿靠玛（“康玛”，意为大家鬼）、阿靠窄（“康窄”，意为“小家鬼”）、色芒（寨神）、色勐（地方神）、切袍（送魂）、小乘佛教、赕佛、做摆、洼翁（进洼，汉族称为“关门节”）。洼脱（“出洼”，汉族称为“开门节”）、埋罗爵究（烧白柴）、折滴（寨心之意）、迪扫拜（祭炉神）、祭田公地母、猎神、山神、灯神等。

“榜”是敬献给姑老太的神，一般安放于家堂的左边，以最大包、最饱满的包谷树为敬奉物。体现了阿昌族对老姑太的敬重。

送魂，念经中送魂的路有两条：一是送到本地城隍庙，一是沿着最早祖先迁来的路送回，并为死者之魂指路：“有海的路是傈僳的路，有文章纸墨的路是汉人的路，有红口水的路是傣族的路，有弩箭的路是景颇的路，这些都不能走，要直往阿昌祖先那里的路前进。”这种送魂仪式流行于梁河阿昌族地区，而户撒的阿昌族则按小乘佛教的礼仪请和尚超度亡魂。

5. 阿昌安魂曲

阿昌族古老的宗教观认为，人是有魂灵的，阿昌族每一个人都有

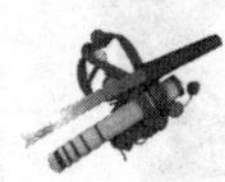

三个魂灵。丧葬歌又叫孝歌，这是阿昌的安魂曲。与阿昌恋歌相反，安魂曲以大悲为盛。阿昌族认为，人一旦死亡了，得找“活泡”将亡者的灵魂进行超度。一个送往祖先遥远的原居地，一个送往坟山与尸体同在，另一个则安顿在家堂做标志，成为列祖列宗供后人供奉。丧葬歌也叫祭祀歌，是专由“活袍”念的一种歌曲。祭祀歌是宗教祭祀活动的派生物。因为，阿昌族地区的宗教信仰有着差别，祭祀歌主要流行于梁河、潞西等地的阿昌族地区。

阿昌族的祭祀歌有两种：一种是在发送死者的祭奠仪式上，由“活袍”演唱的“活直腔”。根据不同程序和内容，有“发送调”、“分水饭调”、“安家神调”及各种祭祀场合中的祈祷词、祭祀歌等。另一种类型的祭祀歌称作“撇杂”调。“撇杂”是另一种地位稍低的“活袍”，它是“活袍”在驱邪攆魔、请神送鬼时演唱或吟诵的祭文。阿昌族的原始宗教观念认为，每个人都有躯体和灵魂两个实体，二者可以结合，也可以分离。人死是气断了，断了气是无法接起来的。人断气是因为死者在人世间的食禄、衣禄寿缘已尽的结果。尸体不能复活，但是灵魂是不灭的，阴曹地府是他们生存的世界。因此，人死后一定要请“活袍”把亡灵送到它们该去的地方。在“活袍”用祭词发送死者亡灵的过程中，使用的祭祀歌便是送魂调，语句朴素亲切，极富文学色彩。

“活袍”为死者送魂是结合埋葬死者进行的。在死者入棺后，“活袍”就开始进行祭祀活动，通常在灵柩左方屋角设一临时祖师坛，将带来的法器如长刀、木马、锦鸡尾羽毛等摆在一张八仙桌上，再将灯烛点燃，与米、三牲（一块肉）、元鸡（蛋）、元饭和一碗清水（俗称压堂水或宝堂水）一起摆上，桌下拴一只活鸡。随之，“活袍”开始请师、讲“斯米迭”（生死道理）。有的“活袍”的送魂调法、送亡魂的指向更为清晰，在念词中不断指引死者。

与“送魂调”相差无几的是“分水饭调”。当为死者宰杀的猪、牛牵到堂院前时，“活袍”对亡魂开始祭念“分水饭调”。当猪、牛畜生宰杀脱毛将皮洗光、剖开肚腹、取出内脏后，将畜生置于棺木前，再摆些饭、酒、菜、纸钱、点燃香烛，“活袍”又念“分水饭调”祭词；献毕猪、牛后，将其送入厨房。当厨师将猪、牛与其他饭菜烹煮后，首先，备一桌酒、茶、饭菜俱全的饭桌祭祀于棺前。“活袍”继续念“分水饭调”祭词；“活袍”在给死者享受祭祀中，继续对亡灵念祭词。唱完“分水饭调”，做发丧准备，将棺木抬出中堂时，“活袍”又转而念诵“送魂调”。“活人的魂一个也不要跟着死人魂去，要是有的跟着去，亡灵也要跟着躲开，要放下脸来骂他们，把他们撵回来。寨子里活人的魂，活着的亲友的魂，一个也不能领走。活人、死人不同，各过各的河，各上各的山。”“活袍”在念完《送魂调·藏尸经》，后，起棺，在屋外宽敞处绕棺，绕棺完毕，“活袍”在起棺前用备好的长刀砍“水碗”，“水碗”为法力象征，“水碗”成两半为吉利，“水碗”砍成多片或只缺未烂者为不顺。棺木送往坟山后，还要为死者家属进行安家魂仪式，即发丧后，家中再备两套祭品，一套祭祀天地灶君，另一套摆在祖宗灵位前，烧香烛纸火，“活袍”念“安魂调”道：“我来讲今天这个好日子，今天我要找死者的父母，要他们坐在桌子周围，祖公、祖奶也要找，老祖、老祖太也要找，要大伙围拢桌边，要他们来享受水和饭的气。公鸡、母鸡的肉摆好了，肥猪的肉摆起了，醇香的酒摆好了，你问问公祖，自己的座位在哪里？和他们一道上家堂，从今天起你就几十年、几百年在家堂上了。现将纸钱烧化给你们大伙用，要好好保佑子孙儿女，不要惹是生非。”

阿昌族丧葬祭祀活动中产生的祭祀歌，调式多样，在祭祀中“活袍”用大黑扇子和长锦鸡尾羽毛，一摇一扇，一唱一吟，庄重、肃穆，许多祭文祭词开篇习惯用衬词“拉嘎”开头，故民间也习惯把丧葬祭

祀歌统称为“拉嘎调”，把祭祀歌作“拉嘎念”。

阿昌族的葬礼极其隆重，其隆重程度胜过婚礼。阿昌族的葬礼一般以土葬为主，非正常死亡才采取火葬。每逢举行葬礼和祭祀活动的时候，都要由“活袍”以庄严的神态向族人念诵《遮帕麻与遮米麻》，唱词中提到的太阳、月亮、风、雨、雷、电、山河、动物无不像人一样有喜怒哀乐，有灵性附体。两个大神遮帕麻与遮米麻，便是本民族原始宗教所信奉的两个主要神祇。他们是阿昌族信奉的两个最大的神，狩猎者祈求他们赐予猎物，外出的人祈求他们保佑平安，不会生育的夫妻祈求他们赐予子女，村民祈求他们保佑风调雨顺、六畜兴旺、人丁兴旺发达。

阿昌族有为死者送亡灵也就是为死者送魂的习惯。生动纯朴的送魂词感人心魄。阿昌族认为，死是自然规律，但人死魂不灭，人死后灵魂必须送往他们的住地，即一魂在墓地，一魂在家堂，一魂在“阴曹地府”。其次，他们还认为，灵魂是脱离肉体的客观存在，是生活在另一个世界的“人”；祖先的灵魂对人既呵护又作祟。对回来作祟的魂，无论是自己家的还是携同而来的别人家的，都采取积极的方法对待，献上三牲，让他们享用领受，诱导他们赶快离开，并永远不要再回来。对死去亲人的灵魂，不管是老人还是小孩，是男人还是女人，是有功于人的还是有过于人的，不管是正常死亡的还是非正常死亡的，都采取安魂、慰魂抚魂为主，驱魂为辅的原则态度。让死者魂安，让生者心安，期盼死者的灵魂赐福于生者。

当老人有寿终正寝迹象时，儿女们要迅速把老人抬到堂屋来，让老人的头朝着家堂上的祖宗灵位安睡着，儿女们要日夜守候在老人身旁，准备“接气”。接不着气，儿女们就沾不着爹妈的福气。绝气后，先用七粒大米，七粒碎银，加少许清水，放入死者口中，并将其眼睛、嘴合上。

打孝歌是阿昌丧葬礼仪中最哀伤的场面。孝歌也叫挽歌。

阿昌族孝歌名为“麻兰调”。开始由一名歌手持一炷点燃的线香，在棺前行跪拜礼，接着用阿昌语唱道：“今天集在一起讲说，你的衣食到限了。你头发白了，牙也红了，你年岁高了，你已经走上了阴司的路，去阴司的时候到了。在世的儿女给你送行了，你上路去吧!”领唱者的序歌歇落时，其他的歌手便相继接唱，一个唱落后，另一个接着唱上。“一进香一进香，手捧清香进丧堂，丧堂面前行个礼，恭喜孝家大吉昌。二进香来二进香，手拿清香进丧堂。丧堂面前行一礼，荣华富贵代代强。三进香来三进香，手捧清香进丧堂。丧堂面前行一礼，子孙后代把名扬”。进香后按个人的心愿随意而就。内容为叙述死者生平，赞扬死者生前赡老携幼，亲睦邻里的功德，祈祝丧家万事兴和吉昌。

进行入葬时，还要进行入葬扫墓。扫墓时，要让命硬的人进入葬坑扫墓，边扫边唱扫墓歌，扫墓后才能下棺入葬。下棺后，用一只活公鸡冠血点棺。点棺时要唱点棺歌，对棺木的头、中、尾进行点血，祈求平安福禄等，边点边唱：“一点点龙头，代代儿孙出诸侯，二点点龙腰，代代子孙跨金刀，三点点龙尾，儿孙满堂，金银满仓”的吉语。

一个群体或者一个家族中的成员死了，对于家属来说，无疑是一个沉重的打击。在丧礼上演唱史诗、吟诵祭词祭文，进行繁杂的送魂活动就是给死者的灵魂指明去向，让活人明白，所谓死只是离开他们去神祖统领的另一个地方生活。通过这种充满诗意或人情味的告别形式，使死者和活人各有所安，并在其间架起一座桥梁，这座桥梁就是宗教和文学起纽带作用的各种祭词。它不仅维系了阿昌族观念中的阴阳两界，也紧紧地维系着阿昌族古老的文化传统。

6. 背切

阿昌族有接灵魂归外家祭奠的习俗，这种仪式很古老，也很奇特。

妇女丧葬出殡后，娘家由其兄（无兄可由同辈亲戚）到丧家去接“妹妹”的灵。做法是扎一个草人，将死者生前穿的衣物穿戴上，唯独不系“绞脚”，请“活袍”念经“发送”，祈祷亡灵回娘家。哥哥用背箩背着附有妹妹灵魂的草人，边走边叫妹妹的名字往回走。每到河边、沟边，都要向河水、沟溪叩头祷告，祈求河神、沟神、山神不要阻挡妹妹的灵魂回家。到家后，娘家把妹妹的灵魂安供在神堂上，杀鸡滴血进行祭奠。之后则每天饭前祭祀，祭供七日后，男方家属又用背篓将死者的灵魂接回，并把草人在路上烧掉，仅背回衣物。这一习俗，称“背切”、“接切”。阿昌语称“切特”、“切泡”。从这一古老的习俗不难看出，老姑太的地位是何等尊贵。孝敬老姑太成了一种美德。从而也不难看出，女性在阿昌族心目中的地位是何等的重要。

7. 报丧

阿昌族丧葬活动中，报丧是极其重要的内容。人死后，要向左邻右舍及远方的亲戚报丧。过去在寨中报丧采用火枪、猎枪向天鸣放来向亲戚朋友报信。如今，除采用鞭炮报信外，以死者的孝子孝孙和邻居青年去报丧是主要方式。报丧活动，如亲戚距离较远，尤其死者是妇女，前往其“外家”报丧时，必须在人死后就要马上出发，风雨无阻，日夜兼程。其他亲戚稍近的分几组报丧人员，分别在第一二天报丧。到女性死者的“外家”报丧非常讲究礼仪，报丧者必须是死者的亲生儿子（无儿子由最亲的侄儿顶替），连同年长的具有丰富社交阅历的人陪同前往。去时，各背一把长刀，到了死者“外家”大门外，报丧的儿子要跪在门外，陪同者进屋告知主人，但不能说有人在门外下跪，只能说门外有个人，请主人出去看看。主人通常见背着长刀匆匆忙忙赶来的客人进屋就略知一二。然后出门将死者的儿子扶起，接过长刀，带进屋里，细问丧事。若遇主人不在家，要一直跪到别人把主人找来。其他给亲戚和寨中人家报丧的，由孝子孝孙乃至侄儿男孙组成，每到一家，要到其正堂前跪瞌一个头，陪同去的人说明某老人某天某时不在了。对寨子要说，某人（丧主）前去相帮；对亲戚则说，某人说来告诉你们一声。被报丧者便准备纸火祭奠品，纷纷前来参加丧葬祭祀，俗称“烧纸”（奔丧）。阿昌人说烧某某老人的纸，即为去参加某某老人的葬礼。

8. 祭战神

阿昌族杨姓还祭奠战神“安塞”。传说，祭祀的是一位古代的战神，他是“喇碑”杨氏族的统领。在一次战斗中，统领负伤，被背到一棵大树下，才喝了一口水就断气了，死后被葬在大树下。幸存的族人便流徙到各地生存。为了纪念他，杨氏宗族不论居住何地，一定要在村子附近选择一棵大树，大树附近还要有水井，作为“安塞”的圣地。

9. 祭田公地母

祭祀通常在农历六月廿五日，祭品三牲圆鸡，圆饭茶酒、元宝纸火，同时编块一尺见方的竹笆系在竹竿头，放三品圆饭，插三匹鸡毛，竖在田头念念有词道：“哔铃嘣弄天地（人）三界，十方万里满腔真载，虔诚奉请田公地母、五谷大神、水草龙王、祭天者风调雨顺，祭地者国泰平安，祭神者神神欢喜，早谷撒一箩打三千，迟谷撒一箩打八百，荞麦黑豆跟着种，谷子连根结，麻雀吃了褪毛，老鼠吃了蜕皮，蚂蚱吃了春姜……”

第六节　护国岁月

唐宋时期，今德宏系南诏辖区，有白族、彝族等官兵驻守。据历史记载，元时招募内地民众赴该地屯田。1277 年，缅蒲甘军 5 万余人入侵今盈江、梁河一带，元朝廷派遣大批军队捍卫疆土。1441 年，明

朝廷派了10余万大军“三征麓川”。1594年，云南巡抚陈用宾为保卫边境，筑八关，开22屯甸，驻军数千人。清雍正二年（1724年），又增补为27屯甸，计151村。据《南甸司谱》载，汉族及其他后来少数民族“至明中叶，迁入定居者极多。清乾隆征缅，道光禁烟以及洪杨杜（太平天国运动及杜文秀领导的滇西回民起义）发难，人居者愈众，山区全部为汉族所居有，坝区亦有不少杂居。”南甸土司作为土司领袖，朝廷多有器重。清代移民主要来自保山、腾冲等邻近地区。无论在从事民屯还是迁徙及征战守卫疆土的过程中，阿昌族与其他少数民族互通有无，相互通婚，共谋发展，在德宏边地创造了良好的和谐发展氛围，在民族政策的照耀下，各民族彼此离不开，在德宏谱写了一曲又一曲民族团结的新篇章。特别是驱逐外来侵略者方面，充分体现出民族团结的进取精神，不仅生活上联系紧密，精神上更为统一。

在历史上，阿昌族比较早地接受了汉民族的先进文化，内地商人在宋、元时期已经常出入于云龙阿昌族中，有些商人把先进的生产技术传授给阿昌族，教他们开水田，粮食得到稳产高产，因此商人也得到阿昌人的信任，有的便娶阿昌妇女为妻定居下来，有的被阿昌族土司头人招为女婿，代土司头人操持政务。但随着内地移民的增多，阿昌族也逐渐融合于汉族及其他少数民族中。明、清时，保山、腾冲等地的食盐都是阿昌人从云龙盐井运去的。经商的过程与其他民族的交流、融合，大大提高了阿昌族的文明发展进程。1950年德宏地区得到解放，阿昌族真正实现了当家做主，与各民族共同分享到解放的成果，与各民族关系进一步加深，民族歧视和贫富差距在缩小，血肉关系进一步加深。

阿昌族是个守疆爱国的民族。云南的边地德宏，由于地处边境，从来就不得安宁过。从拥有历史的那天起，阿昌族人民争取和平自由的斗争就一直没有停止过。阿昌族先民自北向南逐渐迁徙，隋唐时期

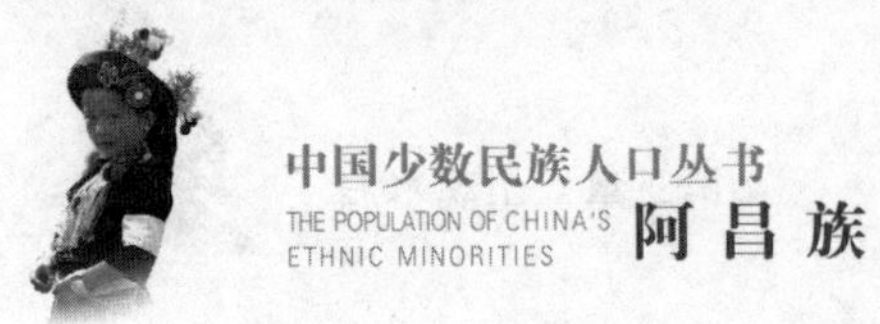

他们中的一部分曾游牧于洱海区域，南诏统一洱海区域时，他们的先民曾与南诏军队战斗过，但失败了，许多部落被南诏所征服。《南诏德化碑》载：“爰有寻传，畴壤沃饶，人物殷凑。南通渤海，西近大秦。开辟以来，声教所不及；羲皇之后，甲兵所不加。诏欲：革之以衣冠，化之以礼义。”该碑记录了阿昌先民寻传人，面对要征服他们的南诏军队拼死作战，最后战斗失败，大批阿昌族先辈成了南诏军队的俘虏，“抵捍者系颈盈贯”的历史。由于古代阿昌人是个有战斗力的民族，当南诏征服他们后，又把他们作为自己的基本力量，征调他们参与南诏的对外战争，对维护南诏政权做出过一定贡献。唐咸通三年（862年），南诏把他们调到到安南（今越南）与唐军作战，死伤无数，尸横遍野。元军首领忽都率兵迎击，大破缅兵象阵。缅人溃逃，途中遭阿昌人追杀，归者无几。这是汉文史书对德宏阿昌族先民活动的最早记载。阿昌族先民在事关国家存亡的关键时刻，能弃前怨，元军征伐之遇缅军入侵，积极配合元军追杀缅军，体现了爱国爱家的光荣传统。此后的无数征战中，阿昌族表现出极为顽强的抗争精神，誓死保卫，并付出了巨大的牺牲。

元、明、清时期，缅甸封建王朝在葡萄牙、英国等殖民主义者的支持下，曾多次侵犯德宏地区，具有光荣爱国传统思想的阿昌族人民，历经数载，组织武装力量，参与国家军队反击一切入侵者，保卫自己美丽的家园，立下了不朽功勋，做出了杰出贡献。

《元史·缅传》记载，元王朝建立初期，当时正值缅甸蒲甘王朝的兴起，缅王想趁元军进入云南不久，尚未站稳脚跟，立即组织以象队为主的5万余作战人员，一举向元军袭来，直抵永昌，当时元军仅有万余人。但凭着高超的战略战术以及各族人民的支援，一举粉碎了敌人的侵略。大军直抵江头城，捣毁了蒲甘王朝的老窝。在这次声势浩大的反侵略战争中，户撒阿昌族人民踊跃参战，立下了战功。这就是

历史上最著名的江头城之战——象战。

接着是东吁之战。明嘉靖十年（1531 年）缅甸东吁王朝兴起，得到葡萄牙殖民主义者的支持，逐渐把侵略魔爪伸入云南境内。明嘉靖三十九年（1560 年），东吁王莽应龙勾结陇川幕僚岳凤，招陇川宣抚史多士宁合兵内侵，士宁不从，后被岳凤唆使其子曩乌用毒药酒杀害。岳凤夺取陇川宣抚司印信投往东吁，受莽命为陇川伪宣抚史。至此，陇川地（含户腊撒），为东吁王朝所侵占，阿昌族人民和其他各族人民均被置于侵略者的铁蹄蹂躏之下，过着民不聊生的日子。

东吁兵侵占陇川后，接着占领了干崖、腾冲、盏达、南甸等地，同时分兵向东攻掠车里、八百。万历十一年（1583 年）明将刘挺、邓子龙率明军反击，战于姚关攀枝花地，夜袭三尖山，大胜，乘势兵分几路向边地追击，占领杉木笼山一带险地。陇川傣族、阿昌族人民积极支援明军，供给粮饷，配合明军向南进击，收复陇川户腊撒、孟养、木邦、勐密等失地，重建诸土司，明军撤回京都。万历二十一年（1593 年），莽应龙之子莽应里又纠集勐拱、勐养、勐密等兵，号称 30 万众，象百只攻灭蛮莫，继而分兵入侵，一入遮放、芒市，一入腊撒，一入杉木笼出陇川。阿昌族人民和其他人民再度遭到东吁军蹂躏，户腊撒的大寨子几乎被抢掠一空，百姓大多逃入深山躲藏。此时，云南巡抚陈用宾驻在永昌，便分遣部将抵御，被东吁兵诱至险要处击败。但东吁兵自入侵德宏境内后，时常遭到地方民众的抵抗。例如在腊撒，勇敢的阿昌族人民在族长、寨头的组织下，拿起长刀和矛子，与东吁军作顽强的斗争，夜袭东吁兵营，烧毁敌军帐篷、杀死部分敌兵，迫使东吁军不敢在户腊撒久留，从陇川、干崖、南甸分兵撤退。

万历二十二年（1594 年），陈用宾为防止东吁兵再度侵犯，派盏达、干崖、南甸、陇川（含腊撒、猛卯）等百姓在干、南、陇、三宣地修筑八关（汉龙关、天马关、虎踞关、铁壁关、巨石关、铜壁关、万仞关、神户关）分兵驻守，固我边疆，稳我河山，阿昌族与景颇族一道，坚守关隘，直到清朝灭亡的最后一刻。

激战木梳军。木梳王朝又称雍籍牙王朝，是缅甸继东吁王朝衰败后又兴起来的一个王朝，1752 年建都于瑞帽。木梳王朝与英殖民主义者勾结，于清乾隆三十一年（1766 年）分兵二路向德宏、西双版纳境侵扰。西路军于九月出落卓，攻木邦，入遮放，一部分溯江而上，抵新街，清守将赵宏檀与战两日，败退入铁壁关，蛮莫土司逃入内地。永昌清将杨应琚调兵 14 000 名，令永顺镇总兵乌尔登额驻守畹町，进攻木邦，永北镇总兵朱仑由铁壁关进驻新街，提督李时升驻杉木笼调度。朱化进至楞木地与木梳军相遇，激战 4 昼夜，木梳军抵御不过，假意求和，调兵暗度神护、万仞两关，侵入盏达抢掠，围游击马拱垣于盏达江上，又分兵入侵户腊撒，驻户腊撒游击邵应亦被围，刘德成在干崖拥兵 2000 人不救，朱仑只得引兵退守陇川城。木梳军在户腊撒大肆烧杀抢掠，无恶不作，阿昌族人民苦不堪言。这时刘德成方率军与木梳军战于铜壁关下，木梳军抵挡不住，迫使在户腊撒抢掠的木梳军东走陇川，又为朱仑所阻，乌尔登额也率兵到邦中山助战，木梳军见势危，再请降，清军意稍懈，木梳军又突入勐卯、木邦、大肆抢掠。副将哈兴国率兵 2500 人到勐卯与土司兵坚守平麓城，木梳军用英殖民主义者支持的火枪攻城，清军也用大炮还击，双方伤亡很大，后清军援兵赶到，两面夹攻，木梳军才退入缅境。以后木梳军时常突入陇川、干崖、户腊撒等地抢掠，土司兵抵挡不住，待清军赶到，木梳军又逃跑了。边地人民经长期遭受抢掠，贫困至极。清王昶《征缅纪闻》记载："至章凤街，始见人家野圃中油菜作花矣。缅人通贸易时，比地集市最盛，令人民穿徙，仅有竹房数架耳。"户腊撒地也是一样，原人口繁密，经过长期遭受木梳军抢掠，腊撒、曼东、沐城等寨阿昌族大量往外迁徙，户撒河谷土地大片荒芜。

清乾隆三十二年至三十五年（1767～1700年），清朝廷不得已从军事上反击，发起了两次征缅。在这两次征缅作战中，阿昌人民和其他民族一样，积极组织后勤支援前线队伍，帮助清军运送粮饷，原户腊撒把总（后改为火头）赖、盖后裔，带领一支阿昌族民众武装协助清军作战有功，乾隆三十年（1765年）重封为户腊撒世袭长官司。清军两次反击木梳王朝的侵略，虽无大获，但也暂压住了木梳王朝侵略我边疆的野心，收复了木梳军占领的德宏边陲国土，保卫了人民的生命财产。

片马之战。在近代史上，西方帝国主义曾野心勃勃地多次将其侵略魔爪伸向我国西南边陲，吞食鲸吞我国领土。1879年中英勘界期间，英殖民主义者梦想将陇川宣抚司，包括户腊撒长官地大部分地区划入英殖民地的版图，如在盈江蛮允发生的“马嘉理事件”等。英国侵略军侵占缅甸后，于清光绪二十六年（1900年）一月，调集千余人侵略军进攻我阿昌、傈僳等民族居住的片马地区茨竹、派赖等地，激起了全国、特别是滇西各族人民的愤怒，承袭镇守“明光隘土守备”的阿昌族人左孝臣，征集当地各民族子弟，组成600余人的武装，奔赴片马前方的甘卑地抗击英军，负责指挥的左孝臣身中八弹，壮烈牺牲。反抗外来侵略者中，阿昌族做出了重大贡献。英国侵略军侵占缅甸后，于清光绪二十六年（1900年）一月，调集千余侵略军进攻我阿昌、傈僳等民族居住的片马地区茨竹、派赖等地，激起了全国、特别是滇西各族人民的愤怒，承袭镇守“明光隘土守备”阿昌族人左孝臣，征集当地各民族子弟，组成600余人的武装，奔赴片马前方的甘卑地抗击英军。受到狙击的英军不敢贸然深入，改派奸细，假装友好，麻痹边民，但却在夜间袭击我守军，将茨竹、派赖、滚马、官寨、痴嘎等寨烧杀一空。左孝臣率领军民奋起抗击，但因敌我力量悬殊，清朝地方官吏不派援军，负责指挥的左孝呈身中八弹，壮烈牺牲。在这次反侵略战争中，阿昌族做出了很大贡献。

滇西抗战。1942 年，日本侵略军侵占了邻邦缅甸，进而侵犯云南西部边境。这时，阿昌族的绝大部分居住地已被日本侵略军占领，财物遭受洗劫，青年被强行拉夫劳役。阿昌族人民临危不屈，怀着热爱祖国、不愿当亡国奴的心情，公开地或隐蔽地反抗日本侵略军的暴行，同各族人民一道，配合抗日游击队组织作战，以村为战，用自己制造的长刀、斧头、地弩，以及从外地购置的枪支，在交通要道伏击敌人。日寇侵占梁河县曩宋乡阿昌族聚居的村寨时，附近阿昌族人民积极支援抗日部队作战，并组织青壮年狙击敌人。弄别村阿昌族群众曹老有，有一次在笼统洼遇到一个日本兵，虽然自己赤手空拳，但却机智地绕到日本兵背后，用石块将荷枪实弹的日本兵砸毙。再如湾中上寨原联防队长孙家美，人人怕日本兵，他却把日本兵当猴耍，把日本兵追得屁滚尿流，惶惶不可终日，充分发扬了爱国爱家的光荣传统。

在反对土司封建制度的斗争中，阿昌族人民体现出勇敢顽强的革命精神，伸张了正义，为赢得胜利、追求解放作出了不少贡献。1949 年 9 月，极大地破坏了以研究对抗解放军的“十土司会议”，选出番有贵、邓家美、肖渊三位代表前往腾冲迎接中国人民解放军。当时，户撒通往内地龙陵、保山、腾冲的通道，已被国民党残匪和与其勾结的部分土司封锁，交通线被切断，阿昌族代表穿草鞋、举火把、背长刀、斗猛兽、战毒蛇，不辞辛劳绕道缅甸八莫、密支那到腊董、腾冲，跋山涉水，整整走了半个多月，终于到达腾冲找到了解放军，阿昌族人民终于找到了救星伟大的中国共产党，盼来了今天的好日子！

从元代蒲甘王朝，到明代东吁王朝，再到清代木梳王朝，直到近代，对我国边疆的侵扰，长达六七百年，阿昌族人民和其他人民一道，不管战乱如何连绵不断，也不管战争给地方经济带来何等大的创伤，始终如一地保卫着祖国的神圣领土，维护着祖国的统一。

第四章

岁月留痕

第一节 小锅酒——美酒飘香传四方

在滇西，有两种酒是人们最欢迎的。一种叫“邦钙酒”，一种叫“阿昌情酒”。这两种酒有两个共同的特点：一是由“小锅酒”演变而来；二是出自地地道道的阿昌族人曹春叶和赵兴册之手。两酒厂的酒一出来，迅速占领滇西及昆明市场，并销售到全国各地。因为酒，人们渐渐知道了阿昌族。

阿昌族善酿酒，更懂得酒之魅力。阿昌族逢有客人，必斟酒款待。家庭里酒是必备之物，即使没有男人的家庭，酒也要常备。阿昌“小锅酒”天下有名。

阿昌族酿酒十分讲究原料。酿酒用的酒药（酒曲），是自己制作的。妇女们从山上采来一种叫苦草的草本植物，舂碎后，上糯米面制成酒药。用这种酒药发酵酿出来的酒，味醇和，香甜可口。

阿昌人的记忆里有酒香，那是无数代阿昌人快乐生活里的最关键的一条根，更是阿昌女人的绝活表现。谁家的小锅酒烧得好，全看哪家的女人手艺好，就受到人们的夸奖和尊敬，烧酒成了考量一个女人称职与否的重要标志。阿昌小锅酒，阿昌女人献给人们的一种爱，流淌着阿昌人不泯的血液，被阿昌人流传成无数的希望和梦想品尝。酒罐里酿出的是女人的赤诚，酒碗里斟满的是男人的希望和太阳。大碗喝酒，大口豪饮，阿昌族性格豪爽粗犷并热情大方，将一个边地民族的性格展露无遗。

金秋以后，阿昌男性就会结伴进山，采集龙胆草等 18 种草药，配制曲酒供来年享用。腊月时节，家家户户开始酿酒，以备足来年的用酒。酿酒是阿昌族妇女最基本的生活技能，会酿酒的女人，才是阿昌最优秀的女人，受到人们的尊敬和爱戴。女人的心装着酒，也就心里装着男人，也就装着过不完的美满日子，那是为了男人的快乐生活的幸福。酒罐里淌出的是女人的眼泪，酒碗里斟满的是男人的太阳。阿昌族爱酒，视酒为歌，更懂得会喝酒，酒成了阿昌人家必不可少的一样东西。烟酒油盐酱醋茶，酒可能要排在烟的前面。在阿昌族的婚礼中，喝酒是不可缺少的重要内容，有拦门酒、祭神酒、财礼酒；新娘接到新郎家后，一对新人要跪拜祖先，喝交杯酒。闹丧也离不开酒。拜师学艺、结拜兄弟朋友要喝鸡血酒；调解纠纷时要喝和气酒。贵客临门，首先要斟酒敬亲人。吃饭时候长者或有威望的人要坐在饭桌上方，饭盆和酒罐都要放在长者面前，老人斟酒，晚辈才能喝酒。傍晚，劳作了一天的人们都围坐在火塘边，如果家里来了客人，就要斟上一碗酒，年长者先举杯以示敬意。饮用时举杯，不碰杯，饮多饮少，随意而定，讲究的是温馨和睦气氛。遇上哪家有了红白喜事，来了远方客人，大家就要相邀喝酒，唱歌、跳舞，以歌敬酒，以舞劝酒，以情浓酒，在狂欢中显示阿昌人家的热情好客。每逢节庆、祭祀祖先或鬼神，阿昌族都离不开酒。酒能通神，敬了神后人方能喝酒。阿昌山民淳朴可爱，用不着隔心隔肺。一口米酒就可打开心门结下真情，讲求的是气氛的融洽与友情的纯真。记忆的蹄印印在故乡青青草地上，便

在酒香中成为一首动人的牧歌在游动。

小锅酒，流淌着阿昌人不泯的血液。阿昌人爱喝酒，不论你到哪家闲坐、聊天，便会端一碗主人家亲自蒸煮的小锅酒来，以表主人对客人的一份赤诚心意。以歌会友，以茶待人，以酒结缘，酒文化成了阿昌族别具一格的民族风情文化。小锅酒是用阿昌人的农田地亲自种出的稻米蒸制而成的，水是从后山清清的山洼里流淌而来的山泉，因此，阿昌的小锅酒经土罐安放了一阵后，色清澈透明，如玉液琼浆，喝起来甘甜爽口，带着山野特有的芳香。喝了不醉人、不伤身，作为一种文明和文化，被一代又一代的阿昌人流传至今。

阿昌的小锅酒，托起阿昌人不朽的生活信念，悟出更为多彩的美好人生。

第二节　独特的饮食文化

阿昌族的饮食与其他少数民族相比，有很大的不同。主要以生、苦、原味为侧重。阿昌族喜欢聚伙会餐，打牙祭，如照黄鳝、打猎、瞄蜂子、打扁米、找山菌子、拷狗、下河捕鱼、抓蛇等。喜生食，也好煮食，独特的饮食文化，隐藏着阿昌族无限的智慧。

阿昌族有自己的饮食食谱。阿昌族地区盛产大米，以大米为主食，副食品有肉类、各种瓜果及蔬菜，蔬菜有园地种植的各种豆类、土豆、青白菜、萝卜等以及山上的一些野菜、植物嫩叶花果等。逢年过节都要做花样不同的饭菜，烹调方法与附近的汉族和傣族相同。过春节都舂糯米粑粑。梁河地区阿昌族嗜咸、苦和酸味食品，犹喜咸鱼、咸干巴、咸菜之类。户撒地区喜酸辣味食品，腊月时节，家家户户腌制许多酸菜，干酸菜煮鸡、煮鱼、煮肉是招待客人的美味佳肴。用青菜做的“干板菜”和干萝卜丝最具特色。“阿昌小炒”独具魅力。“阿昌煮黄鳝”远近闻名。阿昌风味食品独具特色。黄花粑粑、生片石姜、春扁米、春烧黄鳝、马鬃鱼煮木瓜、黄鳝肉丸、鱼腥菜、定子山药、野沙参炖鸡、山芫荽根剁肉饼、萝卜煮鲫鱼、帕哈煎鸡蛋、还有黄鳝炖青菜、黄鳝煮香菜、干板菜烩笋子、苤菜叶春烧鱼、野花椒尖拌豆腐水、蜂王春姜、枇杷尖妙豆腐拌米汤。火烤生猪肉是当地各民族喜好的风味食品，每逢节日、集会、婚丧喜事，阿昌族都要聚在一起尽情品尝，其做法和吃法都独特考究。火烤猪肉，首先必须精选活猪肉，然后仔细烧烤，食用时将半生半熟的火烤猪肉切成薄片，蘸上用较酸的酸醋（或酸腌菜水）、辣椒、蒜泥、姜泥、芫荽等佐料配成的蘸水，其味鲜嫩可口，肥而不腻。一个山地民族的生活全与大山有关，大山给予了阿昌族格外的恩赐。

阿昌族是德宏山水浸润下成长壮大的民族。他们居住的人文环境美丽富饶，物产丰富，采不完的野果，采不完的山货，猎狩不完的动物，无限度地供养着他们。阿昌族的先辈们发现进入德宏地区就选择在这里定居的确是具有远见卓识。他们的生活变得充实和富足。比起在坝区居住的傣族，他们甚至要比只适宜在水边生活的傣族要优越得多。以打猎见胜的景颇族，他们将大山视为故园，不像阿昌那样上下周旋，四处奔波而左右逢源。阿昌既懂山性又懂水性，随意性大，适应能力极强，随四季更替而自由选择生存范围。独特的生存环境，为阿昌族提供了良好的生活土壤。阿昌族处于半山半坝区，高山和平坝都是他们的生活半径和活动的范围。山上没有食物的时候，他们就下坝打鱼摸虾，寻找黄鳝、泥鳅，坝子没有足够的食物供他们享用了，他们就上山打猎，采集食品。“早上拿着银扛（锄头）出门，晚上提着黄鳝回家”，这是阿昌族生活的一大真实写照。他们都有自己先天的生活本能，都是寻找食物的行家里手。这也是意外的收获和惊喜。春天临近，妇女们就背起背箩，到很远的山洼里寻找一种草来，为全家做

草粉。那草不高，如野香菜生长于山野的水沟边。采来后，经过清洗干净，在温水里慢慢搓拌，就会流出沾腻油滑的汁液来。经过用纱布反复过滤，那稠稠的汁液就会越长越多，随主人的浓淡喜爱在铁锅里温火慢煮，经冷却后就形成了清香四溢的草粉。这种草粉只有老辈子人掌握，现已濒临灭绝。阿昌族以黑为美，以锅灰黑和黄鳝色为最具代表性，是崇尚黑色的民族，服饰的黑，代表庄重大方，发黑，体现柔美多情，牙黑代表健康，皮肤黑代表英俊漂亮。在一定程度上，长发代表人的生命，因此阿昌女人善养长发，以发长黑为美，体现了自然天成的审美情趣。

阿昌族喜欢吃黄花饭，阿昌语叫佳喝机。如清明节、春节、中秋节等，几乎第家都要做黄花饭。做黄花饭时，先采摘一种野生黄花，俗称“染饭花”，煮出黄色汁液，将米倒入煮熟的舂成黄花粑粑。还有一种黄花是在地头间，采来后来和糯米面一起蒸熟了吃。黄花有清凉、消炎、解毒的药效，阿昌族对食用黄花饭、黄花粑粑喜爱。

独具特色的饮食叫“过手米线”，这是阿昌族最中意的食品，做法随性自然，是一道难得品味的美味佳肴。之所以独特，就在于米线“过手”，它是阿昌族自然崇拜的最佳体现。阿昌族过手米线是用上等的红米制成的红色米线，柔软性强，再把鲜肉烧烤成半熟后切剁成细块，佐以粉肠、盐、辣子、花生、芝麻、豆粉、酸水等料，搅成糊状食用的。奇怪的是吃过手米线必须用手亲自抓吃才能味美，腻味了正好用特制的酸水来消减。吃过手米线讲求的是原汁原味，寻求的是自然本真，追求的是快乐健康。

“过手米线”是阿昌族最中意的食品，是自然风光下才能品味的一种美味佳肴。它是阿昌族自然崇拜的最佳表现。这一饮食，与阿昌族生活方式有很大关系。由于阿昌族生活的户腊撒地区气候炎热，食物不易储藏，只有以最简单的方式来进行食用。吃时因需先取一团米线置于手心，然后将拌料放在米线上食用，由此而得名“过手米线”。倘若有野味制成的拌料，那味道则更是鲜美无比。

第三节　永不熄灭的火塘

阿昌人家的火塘是阿昌人的希望，醒着的梦。

古时通过依赖于火塘，才得以传承至今。阿昌族的不少古老故事，就是在火塘边一代一代延续下来的。火照亮阿昌人的心。

阿昌族的火塘既是一种文化象征，更是一种生活的重要场所。它是长者给晚辈讲述苦难历程和传授狩猎、教育后人的场所，更是积累知识、采集信息、交流沟通思想的出处。火塘蕴藏着一部说不完道不尽的饱含辛酸的阿昌史。阿昌人家的火塘很神圣，基本上都设在正堂中柱的外边，更不能对着中柱。火塘供全家人烤火、就餐、会客时用。火塘的火不能熄灭，每天都得靠老人守护，并用树皮焐火，吹红火炭的时候，也就是阿昌人家开始起床劳作、全家团聚的时候。变化着的是火塘边的故事，火塘火焐熟了阿昌人一个又一个梦。

有了火塘，阿昌人家的血脉便代代薪火相传。

于是，潜移默化的伦理道德延续着阿昌族久远的文化，在火塘时薪火相传；传统文明的家庭伦理道德在此薪火相传；约定俗成的社会伦理道德在此薪火相传；虔诚美好的宗教伦理道德在此薪火相传；村规民约与习惯法在此薪火相传；淳朴自然的风俗习惯与禁忌在此薪火相传。良好的生育礼仪、育儿礼仪、健康礼仪在此薪火相传。这些薪火相传的文化，构成阿昌族独特的传统文化流传至今，经久不衰。

生活就是那么吃五杂六谷生成，谷稗相掺，得失有加。民歌手孙果娣的故事，还有阿昌名人藤茂芳的故事，只要火塘火燃起，关于他们的故事就会不断地讲起。

第四节　我们历史的歌

远方的亲人啊！爬坡上坎奔来罗，
好似鸪嘟（斑鸠）落在红泥地上，
踩下脚迹留下名。
走一走阿昌山的玩笑路，邀约客人谈古本。
讲阿昌族的留言白话，跳阿昌人的“则勒吗”，
水有源头树有根，阿昌家的祖人有传言，
遮帕麻是人类的天公，遮米麻是人类的地母，
穿在身上绚丽多彩，走起路来像凤飞山林。
遮帕麻的功绩哟，古老的经文里已寄存。
遮米麻的美德哟，像泉水一样清洁淳净。
阿昌族的古本哟，是祖先留给了后人。
我们需要跟着祖先的脚印走。
世世代代都要记在心。

神话史诗《遮帕麻和遮米麻》，是阿昌族传统口承文学发展过程中的一座高峰，是阿昌族文学的一面丰碑。可以说，《遮帕麻与遮米麻》是一部创世纪神话史诗，它在阿昌族文化中占有举足轻重的地位和作用。《遮帕麻和遮米麻》是阿昌族人民的骄傲，是阿昌族从古代到近代人民之智慧的结晶，是阿昌族人民奉为神圣的“百科全书”和活化石，是阿昌族的创造精神、人格力量和历史进程的象征体系。该史诗 1979 年，由云南民族学院（现名云南民族大学）阿昌族文学调查组在梁河第一次搜集整理到，共收集到这部史诗的诗体 2 份、散文体一份。具

体由赵安贤讲述，杨叶生翻译，兰克、杨智采录整理。2006年，根据云南省人民政府《关于公布云南省第一批非物质文化文化遗产保护名录的通知》，口述文学《遮帕麻与遮米麻》被列入云南省第一批非物质文化遗产保护名录。由于该史诗内容涵盖造天织地、人类起源、补天治水、斗梦、降魔除妖和重整天地等几大内容部分，思想宏大，内容丰富。它既包含创世神话、人类起源神话、洪水神话、盐婆神话、石神神话，又包含了人类英雄神话等领域。其中既有远古时期人类与自然斗争的追溯，又有社会斗争情况的回顾。全诗近2000行，所表现的斗争内容，特别是其中表露的历史影子和原始意识，对了解和研究阿昌族原始先民的精神文化，对开发阿昌历史文化有着重要作用。

史诗在艺术手法上，塑造典型人物的手法也很可贵。与许多少数民族的创世神话一样，阿昌族的创世史诗也把自然力幻化为神灵的思想特征，具有很高的研究价值。1984年收入《中国神话》第一辑后，曾被著名民间文艺家杨知勇以《神话时代的珍贵画卷——评阿昌族神话诗〈遮帕麻与遮米麻〉》，撰文对这部神话史诗给予高度评价，产生了广泛影响。

史诗《遮帕麻与遮米麻》充分说明了阿昌族的远古崇拜和该民族不断发展的过程，且独具一格，风味十足。阿昌族也和诸多少数民族一样，迁徙的过程并不是一帆风顺的。悲壮的历史涂满血腥。然而，阿昌族是一个充满智慧的民族，是一个伟大的民族。阿昌族的祖先在生产劳动中锻炼了自己的大脑，进化了自己的四肢，创造了自己的语言，激发了自己的想象，萌发了自己的思维和意识之后，人便和动物彻底划清了界限。虽然人的进化并不意味着史诗的诞生，人的劳动实践也不直接导致文学艺术的起源，但是，阿昌先民一旦具备了必要的生理条件、心理条件和社会条件，作为文学艺术的史诗神话也就水到渠成，应运而生了。

史诗《遮帕麻与遮米麻》在民族文化当中的地位和独特性是任何史诗所不能替代的。在遮帕麻与遮米麻身上，寄托了阿昌族人民追求光明、战胜邪恶的美好愿望。作为中华民族文化的一朵艳丽的奇葩，魅力无穷，同样属于中华民族民间文化的重要组成部分。史诗中，大自然被人格化、心灵化和神化了，人的本质力量也被对象化了，充分体现了古代人类的自我意识和自由本质，也充分展示了古代人类的文学才能和想象空间，因而它是不可重复的稀世珍宝。《遮帕麻和遮米麻》这样内容极为丰富多彩、又如此地深入阿昌族人民心灵，被阿昌族奉为“我们历史的歌”。

“斗梦”诠释的民族精神。在阿昌神话史诗《遮帕麻与遮米麻》里，有一个反面人物腊訇。由于腊訇的存在，使这部史诗灿然生辉，成为一部伟大的创世神话史诗。它包含着阿昌族文化的精髓，隐藏着阿昌族人民的精神支柱，闪现着阿昌族不朽的文化之魂。它穿越时空，穿越历史长河，放射出夺目的光彩。它是中华民族文化百花园中的一朵奇葩，它甚至可与古希腊的史诗《伊利亚特》、《奥德赛》，古印度的诗歌总集《吠陀》，史诗《摩诃婆罗多》、《罗摩衍那》，古埃及的著作《亡灵书》，古巴比伦的史诗《吉尔伽美什》等相媲美。

第五节　彰显民族精神的阿昌刀拳

节日中，阿昌族喜欢搞一些体育项目，如手走路、翻跟斗、拳术等。阿昌族的拳术名目繁多，有拳、棍、矛、连枷、青龙大刀，又叫春秋刀等。各村寨都曾出过高手。丙盖村的赵成芳武艺高强，人称“杰士”。民国 8 年年间秋，南甸土司龚统政举行“民众自卫组训总队”结业检阅，阿昌族选手在仪式上表演抬齐眉棍翻杆等武术，受到了人们的称赞。还有模仿动物的动作，如手走路，用双手叉在腿弯，让双足悬起，像螃蟹一样左右移动；也有的倒竖在地上，双手或单手支撑，左右移动，据说是模仿熊的动作。棍术，即“晃赖过”，它分为单头棍、两节棍、三节棍等；刀术即舞刀，也叫“猫赖过”，有双刀、单刀、关刀、剑等种类。拳术五花八门、门类繁多，分公鸡拳、猴拳、十字拳、四方拳等，其中四方拳就是从中间一点打起，打到四角，形成四方形而得名。

阿昌族拳术一般都有师傅，起初这一活动的目的主要是为了防御外族、外寨的侵略进犯。人人都喜欢阿昌拳，古老的阿昌先民，把阿昌刀拳留存在文明的长河中，激荡起一个民族的光荣和自豪。而流传在我故乡老人思绪里的，最荡人心魄的，要数刀拳“七十二刀半”。七十二刀半是阿昌族刀拳中的学名。但要了解它，得有一个详细的过程。一个民族的生存方式，以奇特的刀舞来诠释，这恐怕叫人有些不可思议。阿昌族也和其他少数民族一样，除了对火的崇拜，对先人的崇拜，对自然的崇拜，对鬼神崇拜，还崇拜其他具有神性的东西。阿昌族的七十二刀半，比傈僳族多出二刀半，这里除了数字的递增之外，还有着常人不可理意的神性，包含着一种智性的突进和文明的跨越，展示刀舞的过程是一个激越的过程。阿昌刀拳，民族精神的最好象征，彰显民族的梦想和希望。阿昌七十二刀半，包含着阿昌的英武、刚强和不屈的精神。尚武习武，传承的是民族文化，彰显出不朽的阿昌精神，演绎出的是阿昌乡迷人的风情。

第六节　人神共居的处所

滇西，阿昌族人神共居的处所。

阿昌族将自己的家园不断地加以建设，成为滇西最美丽的地方。古老的德宏边地，又为阿昌族的发展创造了良好的自然条件。

阿昌族栖息的德宏水源充足。水，成为浸孕于阿昌族心中的魂魄。大盈江、怒江、瑞丽江，这么多情的江水让阿昌族接受了诸多润泽，接受了无数的冲刷和洗礼。于是，阿昌族的生活里多了葫芦箫缠绵轻幽的声音，多了象脚鼓激动人心的节拍。葫芦箫为葫芦丝的前身，最初为阿昌族所发明。这样一种深情的音乐，在越来越多的人所接受的同时，一定不会想到它的来历。但要知道，那真正是阿昌祖先最喜欢的音乐。那是阿昌族男子向姑娘示爱的信物。这种勾魂之乐只要和象脚鼓声交融在一起，人们就会知道，阿昌人家的一场聚会便要隆重开始。

建筑被誉为凝固的音乐。阿昌民居是一首岁月里流淌的诗歌，它祥和、宁静，透出几分自然的纯情，它更是凝固在阿昌山一支支优美的乐曲。看到阿昌民居，就会有一种家的感觉。

是的，阿昌的居所是灵魂的居所，从没夸饰。更是连接古今的长河，正犹如水将高山森林、阿昌族村寨和稻田连接起来，也犹如歌声，将人们的心灵沟通连接进来一样，人与自然的和谐统一，使人们在神秘的阿昌山寨徜徉时，会得到一种美的启示和发现，并得到一种属于自然和谐的享受。

阿昌族住房建筑为砖、石、木结构用瓦铺盖的双斜面屋顶。正房多以五根柱子一帖而分隔成三格房间，两边以“丁”字形布局配盖两间厢房，正房与两厢房之间形成一个院落式的小天井，多数人家还在正房对面用砖、石或土基砌起一面照壁，构成庭院式建筑，有的称“四合院”。阿昌族的住房正房有三间，中间是正堂，也有人称中堂。一般神位、佛龛、烛台、长桌、火塘都设在这里，是人们日常议事、宗教祭祀、取暖、吃饭、休闲的场所。正房左右两边住人，在没有厢房时，正房右边房间的外间常做厨房。厢房也有的人称作耳房或厅房，分左右两幢，每幢分隔成两间，楼上堆放粮食及杂物，楼下为猪厩、

牛栏、牲口槽棚，或放置各种农用工具。宅基地宽敞者则大牲畜另建栏厩，在外面管理。一般有正厢房的人家，右厢房是当然的厨房。这与家庭成员的多寡也有关系，家庭成员多时，楼上由年轻男性居住，女性忌住。

照壁在阿昌族山寨中修建得很普遍，对它的功用说法不一。传统的说法是它可以避邪，恶鬼到来时，照壁阻挡了邪恶的进入，阻止恶鬼伤及主人及其所饲养的牲畜、家禽，保护家族的兴旺；现实的说法没有特殊的意义，认为它只是一般的挡风阻雨屏障而已。因阿昌族在河谷盆坝的村落中大多面水而居，夜晚河风很大，河水的哗哗声也很响，故人们在造屋时砌一堵照壁来挡风遮雨。

阿昌族的房屋座向，也很讲究。正房平分成两份，中心大梁所对准的对面山脉的走向，对房屋的建筑极为重要。房屋的方位，构成了人们极为关心的“向法”。一般风水先生、阴阳地师对其研究较深，对阿昌族影响较大。阿昌族的建筑意识普遍认为，正房的准心线不能对着山脉的垭口，如果这样，屋主的下代及后人被认为可能会有哑巴出生；还有正房的准心线和两厢房屋顶的准心线要对在一个山梁上，这样才能令全家团结、和睦相处。阿昌族的这种“向法”，多数对往平缓、丰满、整齐的山脉上，其大门普遍朝东打开，完整地保持了古代阿昌族先民在建房活动中“迎山开门”的古风遗俗。

阿昌族的这种小桥流水人家、人居与自然和谐统一的生态观念，将一个民族的古老与神秘体现得完美无缺。

村子后多山地，村子前面一般为水田。夏天雨季长，通过水的冲刷，那些通过寨子流淌的水肥会顺着寨脚的沟流到田间，往往田头肥力是最足的。由于受汉文化的影响较深，土地的精耕细作程度和使用率很高。水是阿昌族的命根子。阿昌族非常重视水源管理和沟渠的开挖工作。阿昌族村寨处于半山腰，村寨前的整个下半山开辟为稻田，

这不仅因为下半山较热气候适宜于稻谷生长，也不仅适应劳动者的心理和体力的承受能力，还是梯田农业水资源管理、利用的需要。水往低处流，水的分配、水能的利用尤其讲究。

在半山腰生活，阿昌族适应了上山可打猎、下山可捕鱼的生活规律。尤其可贵的是，阿昌族的农业大都在坝子里，种田时可和附近各民族联系沟通交流农耕技术、生产经验，相互了解、互通有无，更换优质稻种。而毫安公考木累优质谷，就是在这种情况下培育的。

阿昌族村寨一户均有一箩种以上的水田，有的多些，人口少的人家就相应地少一些。夏季时节，放满水的梯田亮晶晶的，发着亮闪闪的白光。夕阳西下，作田的农人，牧耕的水牛，一片的蛙声，在空旷的夏天响成一片，水田成了一个美丽的世界。

阿昌人家喜欢在水田里放鲫鱼和鲤鱼。每到秋收的时候，首先带给人们喜悦的是谷花鱼的喷香。鲫鱼，阿昌人们叫荷包鱼，由于吃的都是稻花，味道特别的鲜美。伴随着鱼类的生长，那些泥鳅、黄鳝应运而生，都是阿昌人家的餐桌最爱。送亡节到来的时候，阿昌人家首先想到的是将养着的最鲜美的鱼儿让亡人品尝。

阿昌族还有一个自然习惯，喜欢养蜂，有蜜蜂、黄腰蜂、大土蜂、葫芦蜂。他们在长年累月里懂得了蜂子习性，为我所利用，于是带蜂子瞄蜂子成了一种生存的本领和绝活。恰逢五六月，阿昌男子都要到山里瞄蜂子，将蜂子移来在房前屋后养着，待秋天时烧了聚餐打牙祭。这也是男子相互交心谈心的一种途径。移养的蜂子大多为葫芦蜂，有的人家一年养蜂子就好大一笔收入。打猎得见者有份，阿昌族认为自然界的东西要大家共享，阿昌族有句谚语叫“独食独生疮”，说的就是共同分享自然界里的食物。但是，阿昌族认为，野兽进家进村为不吉利，只有驱赶走它祸害才不会降临，如果杀死撞入的野兽将会得到不好的报应。阿昌族的这种与世无争的生态平衡观，很值得现代的人们提倡。

第七节 追寻西南古丝绸之路的辉煌

西南古丝绸之路的灵光没有消失。

阿昌族的身影在古道中变得更加清晰高大。

出生于意大利威尼斯商之家的马可·波罗曾经途经金齿州“匝儿丹丹”如今变得更加美丽。阿昌族人已经在德宏找到了自己安居的圣地。

古道里拥有的回望，还有那是踩踏出的脚步声，如一首狂歌渐渐隐去。惊天的一个个炸雷，将一个民族的悲壮牢牢地印在了古道上，留下了一个个早已枯干的盐井在那里熟睡着、呻吟着、喘息着。千古盐井在哀叹，阿昌人的思念越浓越深。历史不会忘记，阿昌人更不会忘记，永远也不会忘记寻找盐矿和开凿盐井的诸多艰苦情形。是盐井让他们得以生存并不断发展，铸就了阿昌人辉煌的昨天、今天和明天。公元前 109 年，汉武帝征服云南，置益州郡，下辖 24 个县，其中比苏县即在以大理诺邓为中心的沘江流域。比苏是僰语，意为“有盐的地方”。诺邓盐井自汉朝开采以来至今逾 2000 余年。阿昌先民发现盐井比汉朝大规模开采还要早，并留下了不少历史印迹。至今云龙诺邓还保存着一口有 21 米深的直井，古代通过人工汲水的方法从下面取卤再分给各家“灶户”煮盐，那时的场景依然清晰可辨。

在德宏梁河永河村建有全国最大的阿昌文化园。建筑面积达 300 余亩，集场馆、纪念馆、博物馆、牌坊、坐台、附属设施于一体，成为西南古丝绸之路上最美丽的一道风景。

有了这个阿昌文化园，德宏便多了一道难得的景观，成为了一条探访阿昌的文化必走的旅游之旅。现在通往梦幻腾冲的瑞腾高速公路

绕德宏一圈，只需用一天的行程，阿昌秘境便可尽收眼底，阿昌小吃店、阿昌刀店应有尽有。这些风情独特的阿昌小吃店任你选，不同形状的阿昌刀排着长队，任你挑，任你品。

以豪情永远追寻西南古丝绸之路的秘境家园，古道西风上的阿昌族便高大了起来。

有古道做证，阿昌族在前进中将不断迎接新的生命。如今的阿昌族，在古道上正沿着阿公阿祖从没走过的道路寻找希望的光辉。通过新旧对比就可发现，阿昌在发展，阿昌在进步。

阿昌族思想观念发生了根本变化，摆脱传统寻致富，经济意识明显增强，从山中走出的能人、经商者越来越多。随着人们对科学技术的掌握，阿昌族的生活在不断改变，一些传统习俗随着岁月的流逝渐渐消失。如安装上了自来水后，人们不必到井里挑水，节约了大量的劳动时间和劳力，减轻了劳动强度，妇女们从繁杂的事务中摆脱出来，时间用于更多的经济建设当中。安装上了沼气后，环境清洁卫生大为改观，庭院成了娱乐休闲的活动场所，昔日乱砍滥伐的现象没了，不少山坡又披上了绿装，通过植树造林和退耕还林，经济林木正在形成一项重要经济来源。

最能体现阿昌族农村面貌的是道路交通，新农村建设实施后，阿昌村寨道路整洁平坦，不论晴天还是雨天均一个样，农村人和城里人一个样，农村穿皮鞋的人越来越多。“阿昌不洗脚，上床磕三磕”的状况一去不复返。如陇川阿昌村寨邦傲村、新寨、梁河湾中大窝子村、羊角酸、湾中、墩欠、永河、芒展、关璋、弄丘村等，村寨清流潺潺，翠竹掩映，四季野花飘香，果树成林，村容村貌和人的精神面貌焕然一新。每当夜晚降临，华灯初上，家家户户喜气洋洋，人畜分离，人们过上了富裕健康生活，一幅幸福祥和的新农村景象正在阿昌山寨悄然兴起。

随着观念的更新，阿昌族村寨正悄然无声地发生着变化，即年轻人外出打工闯世界的越来越多。在家的一般为老弱病残者。这些年轻人不仅是致富带头人，更是文化的传播者和新农村经济的建设者和带头人。他们通过外出打工将外面的信息带回古老的阿昌山寨，将外出打工挣到的钱带回家乡，进行建房建屋和开展一些经济实体，有的外出打工后，甚至通过自己的努力改变了身份，成了老板及经济人，打工闯出了一片新天地。据统计，阿昌族外出打工好大一部分人到了大城市，广州、深圳、上海、北京、内蒙古，几乎分布全国各地，有的甚至还远嫁给了美国人。他们接受到的新鲜事物更多，受到的现代化冲击强，为古老的阿昌山寨注入了新的活力。

总之，阿昌山巨变，思想观念在变。古老的背盐人，一个靠游牧打猎和小商贩变迁而来的民族，正在古道中寻来新的辉煌。

第五章

阿昌情颂

第一节　不断发展壮大的人口

阿昌人口数字背后隐藏着巨大秘密。

阿昌族人口的具体结构及分布直接直接反映了阿昌族的社会发展状况、家庭情况等，有近90%分布在德宏州境内。主要居住在曩宋、九保、户撒、江东高埂田一带及盈江、瑞市边境地区；保山地区有2000多人，主要居住在腾冲新华、明光、盖头、龙陵芒旦；大理白族自治州2000多人，主要居住在云龙县表村乡、旧州乡、漕涧镇。新中国成立前，阿昌族人口数缺乏史料记载。仅能从《南甸司刀龚氏世系宗谱》等相关资料里粗略看到一些人口情况。1953年第一次全国人口普查，没有阿昌族人口数字的统计。阿昌族的人口普查数据始于1964年，从中可窥见阿昌族人口是极为稀少的。据1994年5月由中国统计出版社出版的《中国民族人口资料》记载：1964～1990年3次全国人口普查中阿昌族的人口数据分别是：1964年为12 032人；1982年为20 433人，其中男10 135人，女10 298人；1990年为27 718人，其中男13 853人，女13 865人。1982～1990年，全国阿昌族人口每年平均增长10%。阿昌族实有37 050人。从阿昌族的婚姻状况中可看出，阿昌族15岁以上人口有16 645人，男性为8297人，女性为8348人。其中未婚人口4736人，男性2656人，女性2080人；有配偶的10 670人，男性5230人，女性5440人；丧偶1138人，男性354人，女性784人；离婚101人，男性57人，女性44人。从这些数据可以看出已婚的阿昌族，男性死亡率是女性死亡率的两倍还多。从这个意义上来讲，阿昌族已婚男性的身体状况和寿命不如阿昌族已婚女性。阿昌族的离婚率较低，其婚姻关系比较稳固。第四次人口普查后，阿昌族人口接近4万人，有增长趋势。

阿昌族的人口变化经历了几个曲折的过程。

20世纪50年代，西南地区边境百废待兴，初为土地主人的阿昌族急需劳动力。政治地位、经济地位的迅速提高，加上卫生保健条件的迅速改善使“多生”、“早生”的传统心理有了适宜生长的土壤。此期间，阿昌族村寨普遍存在人丁发达、六畜兴旺的升平景象。然而，人们尝到了无计划、无节制生育的苦果。一度时期，妇女生五胎六胎成为普遍，生八胎九胎不足为怪。不少妇女从十七八岁生到五十来岁。老妈和大儿子媳妇一起“坐月子”，长孙在“老妹疙瘩”之前出生的现象屡见不鲜。不少农户因子女过多重新陷入贫困状况。

第二节　高速发展的教育事业

由于阿昌族处于“直过区”，因此阿昌族教育起步较晚。

明初钱古训、李思聪所著《百夷传》记述：“金齿百夷，记识无文字，刻木为约。”清嘉庆年间，境内始设义学馆。清代末年，梁河境内仅在汉族集镇设初级小学1堂。在其余县市基本为零。传统观念里，男大当婚、女大当嫁和“早发财不如生早子”的世俗观念深深影响着

人们的思想，加之贫穷落后，阿昌族子女根本读不了书，上不了学。

新中国成立以前，阿昌族地区的学校教育犹如一张白纸。个别富户的子弟想入学读书，也只有离家到汉族学校读汉文。1949 年止，梁河县阿昌族仅有中学毕业生 1 人，高小毕业生 4 人，初中毕业生 4 人，小学教师 1 人，在校小学生 30 人。1950 年 5 月，中国人民解放军进驻阿昌族地区，各县民族行政委员会成立。行委会设行政科，着手接管改造旧学校，创建新学校。从此，阿昌族教育史翻开了崭新的一页。如今，九年义务教育惠及阿昌族村村寨寨，在校上学率达 98%以上，为阿昌族文化素质的全面提高创造了条件。

阿昌族虽然没有文字，但阿昌族有独立的民族语言，尽管岁月嬗变，生存的空间地域迁徙更异，或聚或散，但阿昌语作为一种独立的最古老的民族语言，却稳固地保存了下来。阿昌语就是以澜沧江流域为中心的古浪峨语为基础发展形成的民族语言。直到现在，阿昌语依旧是阿昌族人民进行交流、思维、从事生产生活不可替代的工具。由于诸多历史和环境的原因，阿昌族语言还较多地保留着本体母语的特点。

新中国成立后，国家对阿昌族教育给予了大力支持。20 世纪 50 年代至 60 年代，一批批来自内地的汉族教师被派往阿昌山寨。他们学习民族语言，和阿昌族打成一片，克服重重困难，开办学校，教书育人，为阿昌族教育事业发展贡献了青春，为民族教育做出了贡献，阿昌族教育从此走向了新生，民族教育开始中兴。接受教育、懂知识、懂文化的阿昌男女随之增多。阿昌族有本民族语言而无本民族文字，其文化历史以口头文学的形式代代相传。滇西地区的阿昌族村寨多与汉族、傣族村寨相邻，阿昌族成年一般兼通汉语或傣语，这为阿昌族教育提供了方便。阿昌族少年学习汉语，少有语言障碍，又能吃苦耐劳、勤学好问，所以，在德宏，阿昌族学生的学习成绩比较好。在执行德宏州人民政府对世居少数民族给予倾斜照顾的招生过程中，阿昌族学生的升学率高于州内其他少数民族学生。加之阿昌族注重教育，加大帮扶力度，保证他们能上学升造。如今大学毕业生遍及整个阿昌村寨，从深山走出无数高大学生。据统计，新中国成立以来，经过各级各类学校培养的阿昌族青年，一部分回到家乡，成了有文化的新型农民；有好大一部分走出了山寨，到了县城、州府、省府、首都，成了机关干部、企业工人、专业技术人员或部队官兵，其中有县处以上领导干部、工程师、民营企业主、经理、老板、高级教师、主治医生、作家、诗人、音乐家及文艺工作者。这些有文化的阿昌新一代，为家乡的脱贫致富、边疆的繁荣、民族的振兴、经济的繁荣、文化的兴起做出了应有贡献。

由于阿昌族聚居地区靠近腾冲，自古以来是内地通往缅甸的交通要道，历史上也属腾冲管辖过，尤其在近现代，外来客商和军政人员大量流入，汉族人口大增。这一变化对阿昌族产生了多方面的影响。阿昌族中会说汉话的人较多，愿意送子女入学读书的人也多，因此，阿昌族中的知识分子也较多。由于民族之间经济文化上的频繁交流和相互学习，阿昌族在生产技术上几乎和傣族汉族一样处于同等水平。

历史上阿昌族山寨曾享受过大自然赐予的“山有多高水有多高”的恩赐。清代至民国，阿昌族所居住的广大山区大量种植罂粟，生产鸦片。1954年开始，政府禁止鸦片生产，一些曾经种植过罂粟的阿昌族农户响应党和政府号召，将大烟地改种粮食作物和茶叶。阿昌族山村开始变样。随着人口的增长，森林植被减少后，阿昌族村寨的水井干枯，加之人口众多，人畜饮水遂成难事。于是，新建人畜饮水工程就成了村民们梦寐以求的愿望。如今的阿昌山寨瓜果飘香，甘蔗、茶叶、水稻成了主要的农作物。最近几年中央和云南省委、省政府，加大对阿昌族等人口较少民族的扶贫力度，聚居在边境的阿昌族人民，

勤劳致富，艰苦奋斗，积极构建和谐社会，大力建设社会主义新农村，加快脱贫致富奔小康的社会进程，在社会、政治、经济、文化、医疗等方面都取得了显著的成效。在国家扶贫开发下，“安居工程”、“小额信贷”、“交通扶贫”、“畜牧扶贫”、“教育扶贫”等扶贫项目落户阿昌山寨，通过几年的努力，阿昌族村寨除屈指可数的几户贫困户外，都住上了新瓦房。差一些的为墙抬瓦房，好一些的为穿斗木架结构瓦房；再好的则是“一正两厢砖瓦房，院心还有石板镶”；最好的装修讲究，还有砖混结构的小平顶厢房，屋顶可晒谷子，并建有卫生间、淋浴室，赶上了城里居民的住房条件。

滇西发展势在必行，阿昌族的山寨充满了阳光。尽管阿昌族还很弱小，力量还很有限，需要解决的问题还很多，可阿昌族像涓涓山溪和清流，汇集成中华大家庭这一强大的血脉在涌动。生命如歌，幸福如歌，为家乡的美丽，为祖国的富强，阿昌族一心向党，爱成了一条涌动的长河，早已在党的光辉照耀下茁壮成长。

如今阿昌族告别了往日的苦日子，过上走上了幸福的康庄大道。不仅拥有了高素质的国家干部、文化人才，还拥有较为上乘高端的科学技术人才。同时，还拥有民间艺人和多元产业的经理、乡土能人。办厂矿，搞实体，学科技，会管理，多元产业的兴起，有力促进了阿昌族的经济大繁荣大发展。阿昌族不断走向振兴，走向希望。不少阿昌族成为了中华民族的骄傲和脊梁。

土生土长的阿昌妇女曹依秀，是党的阳光雨露下成长的党的好女儿。1957 年被誉为我国捕鼠专家，作为卫生界的代表被推举为全国政协委员，出席了全国政协第二届第三次会议，先后 7 次进京，5 次受到毛泽东、周恩来、彭德怀等党和国家领导人的亲切接见。现为德宏州人大副主任兼州总工会主席的全国人大代表孙春兰，同样是卫生部门培养出来的优秀民族干部，全家有多人得到三代党和国家领导人的亲切看望、关心和厚爱，是目前阿昌族职务最高的妇女领导干部。阿昌族接受文化知识较早的赵启国，1950 年 5 月解放军到九保，一些人议论搬家，他晓以大义，劝导大家安心农事，第二天又带领丙盖、丙岗的部分阿昌族群众到遮岛欢迎解放军。诸如们生祥、赵安石、孙有安、赵安贤、赵石安、赵安培、王兴英、赵家兴、孙家柱、孙广道、赵家旺、梁祖昌、赵家德、赵安儒、赵家培、孙家兴、藤茂芳、雷翁团、雷天四等党亲自培养的一大批阿昌族领导干部，为民族地区的解放、改革开放、民族振兴及国家的进步发展做出过应有贡献，他们都是阿昌族的骄傲，更是德宏的骄傲，同样是国家和民族的骄傲。有的虽然只是像流星一样地划过，但他们的历史功绩是永远不可磨灭的。阿昌族人才辈出，后继有人，并拥有阿昌族研究生熊清顺等一批优秀人才脱颖而出。阿昌族出能人，出精英，他们是德宏这块土地上升起的最灿烂的星光。

第三节　热爱生命　懂礼重义

阿昌族讲究夫妻间和睦相处，相互尊敬，人人尊老爱幼，孝敬父母，注重品行及道德修养；行善事、做好事、积德行善、团结互助、相互帮助，对祖先崇敬和神灵的尊敬。良好的家族教育和对孩子的家庭伦理道德、为人处世的启蒙教育，使孩子的思想观念从小就养成，自觉遵守村规民约和成文与不成文的习惯法，男子一律“不污辱妇女”、“不伤害人命”等戒律成为世俗的道德标准之一。日行一善，因果报应观念根深蒂固。寨有寨规，家有家教，族有族纪。阿昌族的伦理道德教育基本由社会教育、家庭教育、家族教育所形成。这些自然习惯的养成，有力地促进了阿昌族社会的发展。

阿昌族在日常生活和人际交往中，既讲究礼仪礼貌，又有诸多禁

忌。禁忌作为一种约定成俗的规矩，成了阿昌族共同遵守的准则。违反了某种禁忌，也就会受到相应的惩罚。这种禁忌，渗透着民族群体对礼仪规范的体悟。阿昌族的禁忌很多，如对男忌、对女忌、对客忌、对喜忌、对丧忌等要求很多。阿昌族人认为，当一年中第一次听到“咕公”——杜鹃叫，不同人在不同地点听到有不同的运势。站着听到意味着一年都奔波忙碌；在床上听到主病多，坐着时听到为快乐，若如厕时第一声听到就极不吉利。看到彗星划过时，阿昌人就认为运气不好，见到时要对着划过的方向吐唾沫。见到月食也不吉利，见到蛇进家意味着有女孩降生。阿昌族择祖坟、择地基建房也要先请地理先生看风水，否则，影响后代的好运。

阿昌族习俗中，作为居家成员，兄长忌进弟媳的房间；女性忌坐门槛；忌跨火塘；忌跨犁具；忌将生树、绿树叶、犁具直接扛入正堂，忌借水桶后桃着空桶还给人家，要拎着还人家。阿昌族认为，讨亲嫁女如遇月食为不吉利，必须避开才好。阿昌族的这些禁忌，体现了阿昌族是一个有族规家纪向善讲文明道德的民族。

阿昌族热爱生命，更珍惜生命。在阿昌族社会生活中新生命的诞生是一件大喜事，阿昌族妇女怀孕受到家人及社会的倍加关怀，这些关怀中渗透着阿昌族的各种传统观念，形成了阿昌族别具一格的生育习俗和良好的生育礼仪观。

阿昌族的接生是生育礼俗中至关重要的一项内容，主人严肃慎重地选择接生人。一般选择身体健康、没患过大病或怪病、家风好、有子嗣，又有一定接生经验的妇人。

阿昌族健康礼仪体现在后天的教育和培养良好的生活习惯上。阿昌族严禁婚前有性行为，在女性生育期间不得同房。对非婚子女往往由家族家道重重惩罚，从道德上予以约束规范行为，从小养成良好的性爱观念，未婚有孕一定要在未生育前及早举行婚礼，方能得到族人的原谅。成年后，健康礼仪具体体现在丰富的生产生活劳动和体育活动中，从劳动中寻找快乐和健康。追求健康的心态、健康的体魄和身体。

从前，德宏属“瘴疠之地”。为预防疾病，阿昌族在端午节吃雄黄酒，触摸不清洁物体后用野蒿水洗脚手。平时成年男女都有嚼烟的习惯。无论劳动或闲暇，常常将一小撮草烟丝放入口中，辅以石灰粉、芦子、“撒基”、广子（槟榔）咀嚼，嚼烟据说能克瘴气，使毛虫变僵、蚂蟥变直，实际也有提神、健胃、消食的功能，嚼出的汁液外搽可防治蚊虫及蚂蟥叮咬。现在这一传统在改变。

第四节　聪慧美丽的阿昌女人

在滇西大山深处，以山为背，以地为衣，最勤劳善良的就是阿昌女人。她们的梦是属于山的，她们的性格是属于大山的。水田一样的思想，长坡一样丰润的爱情，大山孕育了她们无限的情怀和无限的爱恋。

阿昌女人是阿昌人的山，阿昌女人是阿昌山皎洁的月亮，阿昌女人是阿昌山不朽的丰碑。阿昌女人是山寨永远的希望和风景！

但是，人生的漫漫长路里，无数阿昌女人甜美的梦在辛勤的劳作中失落了。从出嫁那天开始，她就注定要经受无数的磨难和艰辛。注定要在男耕女织的劳作里耗尽青春。曾经听到一个极漂亮的阿昌女人说，她嫁给她的男人并不是因为爱，而是觉得没有女人的他太苦，她嫁给他是为能分享他的一分痛苦。瞧，阿昌女人的心地是如此宽广仁厚，如广阔无垠的蔚蓝大海。从她的话里不难悟出一种深刻含义：简单才是美，无言是美。

阿昌女人一生都在忙碌。阿昌山的夏季，常常是山竹笋出得最多

的时候。有一种叫刺竹的，仅阿昌山才有，经捂烂散发出一种怪味后才能食用，加一些蒜葱姜辣子，香且味深。逢着雨天，老箐头总少不了阿昌女人的身影出现在幽深的竹林里。谁起得早，谁采到的最多。直到中午，采满了才会归家。采竹笋的同时，如果运气好，还会采到长满枯树的香菌或鸡枞、山菌什么的。因此，就是再艰苦她们也愿意。

阿昌族人一生都是在繁重的劳动中度过。一般男女分工明确，耕田耙地等重活一般由男子担任，种桑养蚕、纺织、做饭洗衣等日常家务一般由妇女担任。

她们是最阳光的一个群体。她们一直在人们的心里活着，在人们的思念里活着，在黑夜的背面活着。没有因岁月的流逝而未有丝毫的改变。在很深的夜晚，或在梦的那一边，人们常会看见一些头背背篓，大都为竹篾编制的背篓，喜卖山芹野菜和茶叶的山里妇女。巴掌宽的棕绳背带，深深地勒进额头的肉里，放下货时，红红的一条印子显现在脑门上，被汗水浸泡得很难消散。每逢街子天的时候，她们就会带着自己采来的山货赶集，她们或五个一群，或三个一党汇集到老县城，将山里的气息带到山下的人群中。她们一般都穿戴简朴，不在乎自己的服装打扮和衣饰，从街的东头串到街的西头。宽大的脚板，踩踏在水泥路面并没感到不习惯，其实她们更习惯于踩在深山泥土上的那种感觉，踩在大山上的感觉让她们感到实在、温情。她们用平和的目光观望着城市的花草树木和穿梭的人流，总希望自己的山货找到一个热爱它的好主人。这种担心是多余的，因为新鲜的山货是城里人的稀罕之物，往往受到城里人的器重和喜爱，生活好的城里人每天早上或下午就盼着她们影子的出现。年轻的男女不会喜欢她们，嫌她们影响风景和情绪，但年长的就不一样了。她们自己清楚，她们不一定喜欢她们，但他们喜欢她们的山货，接受大山的恩赐。有了她们，她们的生活多了山野气息。为此，有的老奶在交易时老和她们套近乎，嘴唇薄得含得住金，小眼一眯，一笑，甜蜜的话像一把柔软的刀子割开了她们紧闭的心门，其实是想占她们的一点便宜，让衣袋的钱出得少一些，好吃的山货获得再多一些。她们瞧着新鲜的山货不停地抚摸、挑拣，明明拿着最好的还嫌山货不够鲜。其实阿昌女人心里明白，她们知道自己的山货是地地道道的山货。遇到这样偷奸耍滑的好主子，她们尤其的耐心，能看上自己的货，她们往往吃亏一点也愿意，不会过多地计较的，她们的心柔软得像一把看不见的刀子。逢着高兴的时候，连卖带送也是常有的事。她们不会用心计谋算别人，道是聪明的城里人最容易谋算他们。山货随季节的变幻而随之变幻。卖完了山菜卖山果，卖了山果卖山菌，山上的东西犹如是她们藏着的一座宝库，取之不尽，采之不绝，应有尽有！足够让她们用一生来善待。而卖完山货回家的时候，她们得赶着回家，用卖得的钱买取糖果、草烟、酒和盐巴杂货，慰劳在家等着的男人和孩子，让充实打发贫乏的日子，让苦难充实自己平淡的一生。

聪慧的她们会把赶集时的新鲜事情带到家里，说给男人听，让男人分享其快乐，于是平淡的山里日子便有了一种热望和奔头，多起无数的计划和打算。粗犷的男人心里有一杆秤，面对自己的女人越来越精细，他们心里甜畅满足。看着自己最熟悉不过的女人开始变得有些陌生，然后由陌生再变成习惯，由习惯成为自然。他们喜欢自己的女人最明显的标志是沉默和忠实。让爱成为一种行动，由自然开始心疼自己共欲共生的女人。逢上心血来潮，少不了来一些猛烈的亲热，将黑黑的山寨之夜揉碎，让久经考验的爱情撵走鸟群，在牲畜们的酣睡中度过欢畅时光。

有的山寨离县城远，一般赶一回集得徒步行走 3 个小时，但她们并不认为艰苦，在山路行走的感觉会催生出无限的情怀，在行走中感受生活的滋味，在行走中加深对生活的敬畏。清风和阳光，会让她们

带来无数的怀想。比如想念没有吃饱奶水的孩子，昨晚没让老实巴交的老公尽兴过足瘾，一只发情的母猪还没回家等。于是，会在行走的畅想中多一些新希望，多一些儿女情长和挂念。碰到心情不好或山货卖不好价钱时也不要紧，她们会自我调节，在风生水起的摸夜路中来两支闲散的山歌，将苦闷的心放归山林，隐进深深的月夜，让月光揉碎自己的烦闷的心田，让清凉的山风填补自己困苦的心胸。别看她们贫穷，她们的日子充实着呢。内心的丰富，与城里的女人没什么两样。她们有爱、有性、有情，日子就是月亮那一道道流泻射落的银色月光！

阿昌女人的影子成了大山的影子。她们将生活的喜怒哀乐，深深刻在了滇西阿昌的无数山梁上。她们那无私奉献的一生，化作了历史，化作了青烟，化作了永恒。

第五节　悄然兴起的文学艺术

丰富多彩的民间神话传说，构成阿昌族不朽的文学基石。

阿昌的神话传说除《遮帕麻与遮米麻》外还很多，著名的有《石神神话》、《石羊神话》、《谷期》、《石盐神话》等。这些神话，对了解阿昌族历史有着至关重要的作用。

对于民族文化来说，传承比发展还重要。阿昌族自然灵动的音乐舞蹈浑然天成，阿昌族的民间文化除歌谣、故事、传说等口头文学外，还有无数弥足珍贵的民族民间文化。“对歌”是青年男女在业余时间十分喜爱的活动，大致可分为三种，一种叫“相勒吉”，是男女青年在野外对唱的山歌，一般是融景生情，即兴作词，山、水、云、树等都可入歌；一种叫“相作”，是在夜深人静时，男女青年在林间幽会时，低声对唱的情歌，感情真切，常常一唱就是一个通宵；还有一种“相勒摩”，也是一种对唱的情歌，曲调幽雅亲切，歌词含义深刻，比喻生

动。舞蹈以象脚鼓舞和猴舞最流行。

工艺美术有刺绣、髹漆、染织、剪纸、雕刻、银器制作等，制作精细。尤其是雕刻具有较高的水平，在家具、建筑物、佛龛、金银首饰等上面，都可看见雕刻着的各种动、植物、花纹图案。阿昌厢房挂住上喜雕金瓜、莲花等图案。此外，建筑、绘画等也都有一定的民族特色。阿昌族人民在长期的生产实践中，与其他民族密切交往，学会了竹器编织、纺织染色、房屋建筑等各种技能。阿昌族的手工艺，是在农闲时进行的，尚未脱离农业生产而单独存在，产品多自用或是以物易物交换，很少在市场上出售。阿昌族人民居住的地区，盛产竹子和藤蔑，这给编织竹器提供了材料来源。阿昌族多数成年男子都会编织各种背篓、花篮、蔑桌、簸箕、筛子、蔑笆、竹席等竹器，也有一些老人会编织一些精致的小蔑饭盒、小蔑贡盘、针线盒等。阿昌族尤其以纺织与染色见长。

阿昌族的工匠有木匠、铁匠、银匠。木匠几乎每个村寨都有，能做一般的木活，少数的木匠能建造高大的木房楼等。阿昌族的铁匠手艺多为祖传。银匠在云龙、户撒最多，能加工打制银耳环、银戒指、项圈、银手镯等装饰品等。

悄然兴起的阿昌族当代文学艺术，一直在云南省有着举足轻重的位置，引起世人的广泛关注。他们以不同的方式传承着阿昌古老的民族传统文化，谋求新的更大的发展，他们以独特的方式和审美视角，守护着自己美丽的精神家园。书面文学的兴起代表了一个民族已告别原始过去。现当代阿昌族的文学艺术破土而出，文学新人辈出并崭露头角，他们是阿昌族文化起向世界的旗帜和标杆；阿昌族文化史研究的鸿篇巨制相继问世，并受到社会的广泛关注。无数阿昌人成为民族文化的带头人和领军人物，并成为民族文化的传播者、关心者、支持者、策划者、组织者，成为民族文化的精英。作家曹先强、罗汉、孙

宝廷、曹明强、孙家林五位同志是阿昌族杰出的代表均荣获过全国少数民族文学“骏马奖”和全国少数民族文学“创作奖”，共有2人吸收为中国作家协会会员，有3人吸收为中国少数民族作家学会会员和中国民间工艺家协会会员，这对一个靠刀耕火种、结绳记事、父母连扁担大的一字都不识一个、人口才仅3万多人的人口较少民族来说是极为难得的。可以说，阿昌族民族文化人才辈出，后继有人。他们都是阿昌山的灵山圣水哺育的赤子。他们的出现，意味着阿昌文化的发展。他们把一腔热血洒在广袤的黄土地上，其文字蕴含着生命的体温和重量，昭示后人，他们的背影就是一座座青铜的雕像，不会被岁月的风雨所锈蚀。他们的语言来自于山花来自于泥土，来自于心灵深处，他们的灵感来自于大地的内心。他们是传播民族文化的生力军，显示出极为旺盛的生命力和影响力。阿昌族民间艺人更是数不胜数。他们在某种程度上的文化担当，不仅代表了一个民族的实力和水准，而且还代表了全省文化宣传领域的佼佼者，甚至还可用国家的层面来考量。阿昌文化正迎来万紫千红的春天。

第六节　阿昌未来不是梦

阿昌族既然选择了沿着滇西方向前进，就一定相信那里有光明的前景。大山的走势和江水的流向在呼唤着阿昌的选择。阿昌族既然沿着西南古丝绸之路延伸的方向寻找美满幸福的家园，就相信德宏秘境是自己梦想的天堂。风累了，山累了，江水累了，阿昌不累，阿昌依然向梦的方向靠近。

打铁声，山歌声，象脚鼓敲响的声，在怒江、大盈江、瑞丽江的流淌中变得格外的清脆，那是真正属于阿昌的响声。德宏要发展，阿昌要腾飞。

今天的阿昌族终于走出了历史的阴影，跳起欢乐的阿露窝罗舞，品尝着芳香的美酒，用最激情狂奔的舞蹈，用美丽的歌喉献给脚下天堂般的大地。颂歌悠扬，荡满滇西的座座山冈、河流。

德宏是云南改革开放的最前沿，更是国家实施桥头堡战略，通向世界的我国西部最重要的边境地区。国家瑞丽开发开放试验区的建设，为德宏提供了千载难逢的好机遇。503千米的边境线，阿昌族人民的发展前景十分广阔。一股席卷德宏发展的新一轮开放大潮再次涨起。除了国家修高速公路，还要修铁路。除了架高从印度洋经缅甸的输油管道从德宏通过，还要建设无数的现代化工厂。

阿昌族习惯种树种竹，建设自己美好家园。“门前一蓬竹，风吹竹叶绿，刻它一筒来做箫，吹得百样曲”。绿水青山展笑颜，鲜花四季常开，阿昌族将自己所生活的山水保护得尤其完好。滇西是阿昌族赖以生存的地方，阿昌族的祖先，为自己的子孙选择了这样一块能涵养睿智与聪慧的高原翡翠传给后人，并立下规矩，要后人永远珍视与爱护。阿昌人记住了，宁肯自己迁徙疏散，也从不去滥垦陡坡上的土地，去盗伐森林，无论走到那个阿昌山寨，都会带给你莫大的惊喜。

改革开放三十多年来，党和政府对少数民族地区的手工业和商业给予极大的关怀和扶持，阿昌族精益求精，既保住了名牌，加大了民营经济，又扩大了市场销售，视野不断由山内向山外扩展。阿昌族手工业和商业获得了长足的发展。各地市场供应充足，商品交换活跃，阿昌族投入商品经营的人越来越多。从事茶叶加工、养殖、珠宝加工销售、商品零售、交通运输、建筑设计、边境贸易、旅游饮食服务、广告策划五花八门，涉及经济领域的方方面面。只有经济发展了，才谈得上一个民族的发展。这些商品活动从总体上繁荣了阿昌族地区经济的繁荣发展，同时也扩大了文化的交流。随着社会的发展，阿昌族商品意识在增强。经济意识助推了阿昌族发展新活力。

阿昌山之美在自然，风情在人文。风土人情构成阿昌山可视可点的文化视角。阿昌如生长的树一样，成了滇西幸福的守望者，古老民族展现新鲜活力。

如今阿昌山寨喜事连连。新农村建设，使美丽富饶的阿昌山寨增添了无限生机。阿昌族寨寨实现了“三通”，修通了公路，家家户户通了自来水，告别了人背马驮和刀耕火种的历史。在政府及有关部门的支持下，有的村寨还修建了水泥路面，户撒阿昌族乡修建起了环乡柏油路，全乡出行方便，群众为此较为满意。不少人家看上了电视，买起了摩托和汽车。有的村寨依靠政府补贴，购买了农业机械，用机械代替了耕牛。九年义务教育阿昌族子女就学学费全免，农特税全免，农村医疗有保障，困难家庭有困难补助，60 岁以上老人还有养老保险和医疗补助。每个村寨均建起了文化活动中心、妇女之家、活动公房、医务室，彻底解决了老百姓就医难、看病难、看电视难的问题。阿昌族人民和各民族一样，生活上取得了翻天覆地的变化。绝大部分农户安装了电话，购买了手机，购置了微型小汽车，购置了家用电器，住进了新瓦房。傍晚和农闲时间，多数农户聚在客厅里看电视，听国家时政新闻，放录像。小伙子、小姑娘们穿着时髦的服装，腰挎手机，骑着摩托赶集、串亲戚，十分潇洒。如今的阿昌族，正似一朵红红艳艳盛开的木棉花，点缀在祖国西南边陲，以她特有的民族气质和风采，淋浴在新世纪的曙光中。阿昌在传说，阿昌族永远是祖国最美丽的一根彩柱。壮哉，阿昌，美哉，阿昌礼赞！爱刀的民族啊，盛世为阿昌开太平！刀是魂，刀是情，刀就是永恒的爱！

阿昌族居住的德宏州是一个民族文化资源丰富、美丽富饶、绿色生物资源丰富、地理区位独具特色的地区，是滇缅公路、史迪威公路、中印输油管道三大通道的出入口，是中国经济区、东南亚经济区、南亚经济区的交汇点，是中国陆地连接东南亚、南亚的最佳结合部和最便捷的通道，是中国向西南开放桥头堡的黄金口岸和云南对外开放的前沿。阿昌族的山歌延续着古老的文化脉流形成天地的和声，是来自心灵的颂歌，献给世人的最好祝词，无不证明阿昌人杰出的聪明智慧。随着云南构建民族文化强省的强化实施，阿昌族奇特的文化符号越来越受到世人的关注。正在发展壮大的阿昌族正在揭开它神秘面纱，向世界展现出它的本来面目，呈现于世人面前。

阿昌族是心里藏着梦想、心里有大爱、梦想与现实交织的民族。在党的阳光雨露的滋润下，阿昌族日异繁荣昌盛，蒸蒸日上，日子越过越火红，在中国共产党的英明领导下，终于走上了幸福的康庄大道。阿昌生活会更加美好。阿昌未来不是梦！

“美丽富饶的阿昌山寨，金黄的稻谷四处飘香，勤劳善良的阿昌人民喜喜洋洋，敲起铓锣来把丰收唱。高包头呀戴起来，银链衣裳穿起来，绡迈绞脚飘起来，泡花镯头闪起来，储放美酒喝起来，纵情山歌吼起来，户撒长刀舞起来，窝罗舞呀蹬起来，蹬呀蹬起来，丰收歌儿唱起来……蹬出欢乐蹬出幸福来！”美丽的歌声再次响彻阿昌山寨。阿昌族赶上了一个好时代，阿昌族走上了脱贫致富的道路，阿昌歌舞趁着新时代的强劲节拍，一路欢歌一路情，祝颂脱贫发展致富新篇章。

如今，富裕了的阿昌族人民歌更甜，情更浓，酒更香，对党的恩情永不忘。狂歌一曲谢党恩，阿昌的日子越过越红火，比蜜还要甜。人们越来越惊奇地发现，阿昌族在巨变！阿昌山寨的生活环境在变，阿昌人的精神面貌在变！阿昌人民生活更加幸福、更有尊严、更加和谐安康！

参考文献

1. 刘江．阿昌族文化史．云南人民出版社：2001

2.《阿昌简史》编写组．云南人民出版社：1985

3.《傣族简史》编写组．云南人民出版社：1985

4.《德昂简史》编写组．云南人民出版社：1985

5.《景颇简史》编写组．云南人民出版社：1985

6.《德宏史志资料》第十九集．德宏史志办公室：1984

7. 陇川县史志办．户撒史话．云南民族出版社：2002

8. 梁河县政协．梁河县阿昌族今昔．云南民族出版社：2003

9.《景颇族阿昌族社会历史调查文集》．德宏人民出版社，2007

10.《阿昌族社会民间调查资料》.1985

11. 陇川县史志办．阿昌族文化论坛．云南民族出版社：2003

12. 尹可聪主编．阿昌人家一堂灯．云南民族出版社：2009

13.《遮帕麻和遮米麻》论文集．梁河县文体局：2010

14.《阿昌族习惯法的传承与社会功能》

15.《云南梁河阿昌族的原始宗教中的蛊信仰》

16.《跨境民族阿昌族的历史初探》

17.《阿昌族的祖先崇拜》

18.《阿昌族的制铁技术及相关问题》

19.《明清时期峨昌阿昌与中央王朝及周边民族关系研究》

20.《中国景颇族山官（含续集）》编委会．德宏人民出版社：2001

21. 明·陈文修．景泰云南图经志书校注．云南人民出版社：2003

22. G. E. 哈威原著．缅甸史．商务印书局：1943

23. 黄懿陆编著．滇史散论．云南人民出版社：2003

24. 郝正治著．汉族移民入滇史话．云南大学出版社：2009

25. 郝正治著．充军云南．作家出版社：2009

26. 马曜主编．云南简史．云南人民出版社：2009

27.《德宏土司专辑》．德宏人民出版社：1997

28. 江应梁，江晓林著．滇西土司区诸图说．德宏人民出版社：2003

29. 卡章戛著，龚肃政译．勐卯果占璧及勐卯古代诸王史．

30. 云南少数民族古籍出版规划办公室．云南民族出版社：1988

31. 赵家培编著．阿昌族简介．德宏民族出版社：2008

后记

在读鲁院期间，我一直有一种冲动，想以最简单的文字叙述方式接近自己的民族——阿昌族，阿昌族的内心世界及灵魂，以最生动的语言描绘阿昌古老的历史文化，用心灵走近本民族真正的世界深处。生活在滇西的阿昌族人口仅三万多，地处边境，生活在广大的山区或半山区，属于中国最贫困的弱势群体，关注这一群体，是我的责任。多年来，我以足够的耐心用审视的目光一直关注这一民族。我为这一民族倍感骄傲，惊喜不已。阿昌族的山歌唱得更加响亮，阿昌户撒刀的声誉传遍世界的各个地方。阿昌族已从历史的回声中走向了希望。

阿昌之神秘，在于阿昌的文化，阿昌的人文，在于刀和舞。记得一位叫阿刺伯的古埃及诗人说过："地上的天堂是在圣贤的经书上，马背上，女人的胸脯上。"而阿昌人的天堂是在没有文字的"刀与舞"上。多少年了，阿昌的风物一直俘虏着我、感动着我、感召着我。多情的土地，多情的阿昌人，尤其可贵的阿昌女人。我觅望着，遥想着那无法割舍开的情缘。怜悯之心让我魂牵梦绕，精神的家园带着自己的无限深情，带着无限憧憬和愿望，带着无数的痛苦和欢乐一路前行！我希望这本书的出版发行，让人们全方位了解一个能歌善舞的阿昌族，让人们望见阿昌族优秀灿烂文化的春暖与花开。

阿昌族属德宏五种世居民族之一，在滇西德宏生活的历史极为悠久。但是，反映阿昌族历史文化的书籍不是很多，这作为一名文化工作者说一种警醒和责任。总想写一本自己最为满意的全方位反映阿昌族状况、反映阿昌族思想和精神生活方面的图书。由于经费有限，愿望一直未能实现。没想到，在一个偶然的机会，中国人口出版社的杨政瑞老师和我联系，给予了我这一天载难逢的机会，叫我务必抓紧时间，认真做好编写工作，争取尽快出版面世。我欣然接受了这一任务。但是，由于工作等其他原因，编写工作时断时续。加之掌握的资料极为有限，这给完成这部书稿带来了不小难度。好在在众多好心人的帮助下，我尽到了最大努力，尽早完成了这一任务。该书的面世，全得益于中国人口出版社各级领导信任、关心、支持的结果。在此，我对关注和支持民族文化工作的中国人口出版社的各位领导和编辑们表示衷心的感谢。对提供不少宝贵修改意见的云南大学教授李晓斌、民族文化工作者杨叶生、昆明阿昌学会会长雷翁团、民族文化学者专家曹先强、芒市地区阿昌学会会长曹明东、德宏州人大副主任兼州工会主席孙春兰表示衷心的感谢。

《中国少数民族人口丛书 阿昌卷》完全是按编纂方案和编写大纲编撰的，有部分章节根据实际情况做了一些改动，在这里特此说明。编撰时忠实于史实，并实地进行了大量的走访工作。书中的插图除了本人提供的而外，还有曹先强、管有和二位提供了部分图片，在此特作说明并致以谢意。

由于时间仓促，加之水平有限，错漏之处在所难免，敬请读者批评指正。

孙宝廷

2014 年 5 月 26 日